THE NEXT BIG THING

ÜBER DAS BUCH

Eine der größten Veränderungen der nächsten Jahre erwarten Experten bei dem Kauf von Gütern des täglichen Bedarfs. Wurden diese Produkte bislang traditionell in Supermärkten wie Rewe oder Edeka eingekauft, drängen immer mehr Player mit Online-Angeboten in den Markt.

Bis heute ist diese Einkaufsmöglichkeit in Deutschland jedoch nur ein Nischenphänomen – die Online-Anbieter stehen nun vor der Herausforderung, die Zielgruppe der kommenden Käufer möglichst „direkt", also ohne Streuverluste anzusprechen. Dies gilt gleichermaßen für klassische Kommunikation via TV und Print wie auch insbesondere für Online-Aktivitäten. Gerade Anbieter wie Facebook und Google, insbesondere über mobile Endgeräte, bieten hervorragende Möglichkeiten, potentielle Kunden anzusprechen.

Die entscheidenden Fragen für die Händler sind nun: Wer ist überhaupt die nächste Generation an Käufern von Gütern des täglichen Bedarfs im Internet? Und – falls bekannt – wie spreche ich diese Potentialzielgruppe richtig an? Anders formuliert: mit welchen Mediakanälen und mit welcher Botschaft? Diese grundlegenden Aspekte werden beleuchtet; eine Handlungsempfehlung für die Mediaplanung für und von Retailern rundet die Bestandsaufnahme des Phänomen „Online-Shopping von Lebensmitteln" in Deutschland ab.

The Next Big Thing

WER HEUTE SCHON LEBENSMITTEL ONLINE EINKAUFT –
UND WER FÜR DEN KAUF VON MORGEN
ANGESPROCHEN WERDEN SOLL

Florian Renz

Verlag Florian Renz
Hamburg

Bibliographische Information der Deutschen Bibliothek:
Die Deutsche Bibliothek verzeichnet diese Publikation in der Deutschen Nationalbibliographie; detaillierte bibliographische Daten sind im Internet unter http://dnb.ddb.de abrufbar.

Satz & Gestaltung: Verlag Florian Renz
Cover: Ralf Weglehner, Nürnberg

Mein ganz besonderer Dank geht an Stefan Wehner, Nürnberg, für seine Berechnungen und den fachlichen Rat in allen methodischen Fragestellungen.

Printed in Germany by Amazon Distribution GmbH, Leipzig

The Next Big Thing / Wer heute schon Lebensmittel online einkauft – und wer für den Kauf von morgen angesprochen werden soll
Florian Renz. – 1. Auflage, 01.07.2015
ISBN 978-1-5119072-6-2

Inhalt

[1]

Einleitung

HEUTE IST ES NORMALITÄT, DASS MENSCHEN ständig und überall „online" sind, sich im Internet über Nachrichten informieren und sich mit Freunden und Bekannten digital vernetzen. Auch ein Großteil der Einkäufe wird mittlerweile im Web getätigt.

Eine der letzten Ausnahmen bildet der Kauf von Gütern des täglichen Bedarfs. Für eine überwältigende Mehrheit der Deutschen ist Onlineshopping von etwa Büchern, Elektronik oder Mode ganz normal geworden, der Kauf bei *Edeka* oder *Rewe* über das Internet jedoch undenkbar. Gleichzeitig prognostizieren Branchenkenner, Unternehmensberater und Marktforscher seit Jahren den Durchbruch und postulieren den Kauf von Lebensmitteln im Internet als *„the next big thing"*.

Entsprechend investieren die Handelsunternehmen hierzulande massiv in den Ausbau ihres Onlineangebotes. So baut Marktführer *Rewe* die regionale Verfügbarkeit kontinuierlich aus. *Edeka* plant die Übernahme von *Tengelmann* und deren Lieferdienst *Bringmeister*. Auch die *Metro* Gruppe und die *Deutsche Post* intensivieren ihre Anstrengungen, auf dem deutschen Markt Fuß zu fassen.[1] Mit *Rocket Internet* beteiligen sich auch die bekanntesten deutschen Internetinvestoren in Millionenhöhe an Lebensmittellieferdiensten.[2]

Zum wachsenden Wettbewerb im Onlinehandel gesellt sich die generell schwierige Lage im Lebensmitteleinzelhandel. Zwar sehen zu Beginn des Jahres 2015 die wirtschaftlichen Aussichten aus Konsumentensicht hervorragend aus. Die Ausgabebereitschaft der Verbraucher befindet sich auf einem neuen Rekordhoch – nur *„wird der Einzelhandel von dieser Konsumlaune nur teilweise profitieren"*[3]. Gerade für den Lebensmittelhandel sind die Vorhersagen auf Basis des Konsumklimaindex der *GfK* sehr verhalten, das Wachstum wird auf lediglich 0,5 % prognostiziert. Zum einen erwarten die Marktforscher im Lebensmittelbereich stabile Preise für 2015, des Weiteren sei die demografische Entwicklung Ursache dafür, dass generell weniger Lebensmittel gekauft würden. Diese Rahmenbe-

---

[1] vgl. für einen Überblick zu den Aktivitäten des LEH: o.V., Online-Lebensmittelhandel steht vor Boom, 2015
[2] vgl. Kwasnewski, N., Regionaler Lieferdienst Bonativo: Nur ein paar Dutzend Kunden - aber 23 Millionen Euro wert, 2015
[3] GfK, Konsum 2015 - Europa auf dem Wachstumspfad?, 2015

dingungen sind für den Lebensmitteleinzelhandel an sich schon eine Herausforderung, die nun durch den wachsenden Wettbewerb im Onlinehandel eine neue Qualität findet.

Ernst & Young etwa sieht den Lebensmittelhandel im Internet als die zentrale Chance für den gesamten E-Commerce:

> *„[Sie] sind die am häufigsten gekaufte Produktgruppe und schaffen damit einen dauerhaften und regelmäßigen Zugang zum Kunden. Wer den Kunden über Lebensmittel an sich bindet, der hat gute Chancen, auch andere Produkte (mit höheren Margen) an ihn zu verkaufen.“*

Das verdeutlicht das große Potenzial, das im Onlinehandel mit Lebensmitteln steckt, und die damit verbundene, äußerst hohe Relevanz des Themas. Insbesondere vor dem Hintergrund, dass sich zumindest in Deutschland der Kauf von Lebensmitteln über das Internet noch in den Anfängen befindet, werden die Initiativen der Anbieter für die Entwicklung dieses Marktes entscheidend sein.

Fragestellung und Anspruch der Untersuchung

Mittlerweile existiert eine Fülle an Studien und an Literatur über den deutschen und den internationalen Markt im Hinblick auf den Onlinehandel mit Lebensmitteln. Ein erster Anspruch dieser Arbeit besteht folglich darin, einen Überblick über diese Studien, Modelle und aktuellen Zahlen zu geben.

Im zweiten Schritt soll an die noch geringe Durchdringung des Onlinehandels von Lebensmitteln, im Speziellen die Bedarfsdeckung der Güter des täglichen Bedarfs, angeknüpft werden. Wird der Onlinevertrieb von Lebensmitteln über *Rewe, Edeka, Bringmeister* und ähnliche Angeboten als „Innovation" betrachtet, so kann in Anlehnung an die Diffusionsforschung auch von „Innovatoren" gesprochen werden, also dem Anteil der (deutschen) Bevölkerung, der die Neuigkeit des Onlinelebensmittelhandels bereits adaptiert hat.

Diese Betrachtung leitet direkt über zur zentralen Fragestellung: *Wer sind die Personen, die heute noch nicht online Lebensmittel bestellen, aber mit hoher Wahrscheinlichkeit die nächsten „Adoptoren" sein werden?* Gerade vor dem Hintergrund des hohen Umsatzpotentials und des Markteintritts verschiedener Unternehmen erscheint es eminent wichtig, diese Zielgruppen genau beschreiben zu können um sie mittels werblicher Kommunikation gezielt anzusprechen. Angelehnt an die Theorie der Diffusion von Everett M. Rogers, die sich mit der Verbreitung von Innovationen in sozialen Gruppen befasst soll auf Basis einer empirischen Analyse eine statistisch verlässliche Antwort gegeben werden, wer die nächsten „Adoptoren" sein werden. Darauf aufbauend soll in dieser Arbeit eine Handlungsempfehlung für Unternehmen entwickelt werden, die den Lebensmittelhandel im Internet in den Massenmedien medial bewerben. Dementsprechend lautet die zweite Fragestellung: *„Welche Medienkanäle und welche Werbeträger eignen sich für die Ansprache der Onlinelebensmittelkäufer von morgen?"*

---

[4] Wagner, W. / Wiehenbrauk, D., Cross Channel. Revolution im Lebensmittelhandel, 2014, S. 7

[2]

Lebensmittelhandel
im Internet - heute

IM FOLGENDEN WIRD ZUNÄCHST EINE grundlegende Definition zentraler Begriffe vorgenommen, bevor eine Übersicht über die Entwicklung und den Stand des Onlinehandels mit Lebensmitteln in Deutschland gegeben wird. Es folgen ein Vergleich mit anderen Märkten und eine theoretische Verortung der Verbreitung des Onlinekaufs von Lebensmitteln in die Diffusionsforschung.

Definition grundlegender Begriffe

Bei der Beschäftigung mit dem Lebensmittelhandel werden die Produkte üblicherweise in drei Kategorien differenziert. Als Lebensmittel selbst werden diejenigen Produkte bezeichnet, die die Grundlage für Essen und Trinken darstellen, also beispielsweise direkt Verzehrbares wie Brot oder Milch. Zu den Lebensmitteln zählen aber auch Handelsartikel, die zur Zubereitung von Verzehrwaren verwendet werden, also beispielsweise Mehl, Essig oder Öl. Die gebräuchliche englische Kategorienbezeichnung hierfür lautet „Food". Artikel, die nicht verzehrbar sind, werden entsprechend unter dem englischen Begriff „Non-Food" subsumiert. Daneben werden Produkte, die in indirektem Zusammenhang mit Verzehr stehen, wie zum Beispiel für den Abwasch erforderliche Reinigungsmittel, oft als „Near-Food" bezeichnet. Hierunter kann auch – falls nicht anders kategorisiert – Tiernahrung gezählt werden. Es ist anzumerken, dass die Einteilung in der Praxis nicht einheitlich durchgeführt wird.[5]

Als Überbegriff für die Produkte des täglichen Bedarfs wird oftmals die Abkürzung „FMCG" verwendet. Die „Fast Moving Consumer Goods" sind im engeren Sinne diejenigen Produkte, die im Regal schnell ausgetauscht werden müssen, da sie von den Konsumenten sehr regelmäßig nachge-

---

[5] vgl. zu allen Definitionen in diesem Kapitel: Hadeler, T. / Winter, E., Gabler Wirtschaftslexikon, 2013

fragt werden. In der Praxis wird die große Mehrheit der Produkte eines üblichen Supermarktes als „FMCG-Produkte" bezeichnet.

In dieser Arbeit wird immer wieder vom *Lebensmittelhandel im Internet* die Rede sein. Wenn nicht anders definiert, dann ist im weiteren Sinne der Einkauf aller FMCG-Produkte über die relevanten digitalen Kanäle gemeint. In Abgrenzung dazu wird der *Lebensmittelhandel im Internet* im engeren Sinne als die Summe der Käufe verstanden, die – zumindest teilweise – die regelmäßigen Supermarkteinkäufe substituieren. Das erfordert insbesondere eine Einschränkung der untersuchten Einkaufsstätten: So sind Spezialanbieter wie Wein- und Gourmethändler zwar Lebensmittelhändler im weiteren Sinne, decken aber den Bedarf an den täglichen Konsumgütern nur äußerst unzureichend ab.

Die Situation in Deutschland – eine Bestandsaufnahme

Überblick über die Entwicklung bis heute

Die Internetnutzung ist in den letzten 20 Jahren rapide angestiegen; heute sind vier von fünf Deutschen „Onliner", also Personen, die regelmäßig das Internet nutzen. Gestiegen ist dabei vor allem auch die Nutzungsintensität – so verbringen die Deutschen immer mehr Zeit über eine zunehmende Anzahl an Endgeräten im Internet.[6] Parallel zur Verbreitung des Internets als Massenmedium entwickelte sich das Web auch als Vertriebskanal verschiedenster Warengruppen und Kategorien. Während Bücher, Kleidung und Elektroartikel bereits zu großen Anteilen von den Konsumenten digital geordert werden, liegt die Entwicklung des Onlinehandels von Lebensmitteln demgegenüber jedoch deutlich zurück.[7]

So teilen Theuvsen und Schütte[8] die Entwicklung des Onlinehandels mit Lebensmitteln in drei Phasen ein. Ihnen zufolge wurden in einem ersten Schritt zwischen 1998 und 2001 mehrere Onlineplattformen gegründet. Dabei handelte es sich um eine erste Adaption von Supermärkten im Internet, die jedoch aufgrund ausbleibenden Erfolgs verschwanden. Dazu gehörte auch ein Ableger des *Otto*-Konzerns. Nachdem *Otto* seine Aktivitäten 2003 ebenfalls einstellte, zeigte dies eine negative Signalwirkung. So gab es in einer Übergangsphase bis etwa 2006 kaum Neugründen im Onlinelebensmittelbereich – zu negativ waren die Erfahrungen der bisherigen Player. Erste spezialisierte Pure Player[9] wie *MyMuesli* begannen ab 2007 mit dem Onlinevertrieb von Lebensmitteln. Der stationäre Food-Handel war zu diesem Zeitpunkt jedoch noch nicht (wieder) im E-Commerce vertreten.

Auch 2009 waren die deutschen Lebensmittel-Einzelhändler de facto nicht mit eigenen Onlineshops präsent. Eine Studie der *Hochschule Niederrhein* mit den Unternehmensberatern von *Management Engineers* kritisierte, dass nur eine Minderheit überhaupt über einen Shop verfügte, „*und*

---

[6] vgl. zur Definition „Onliner" und zur Entwicklung des Internet seit 1997: van Eimeren, B. / Frees, B., 79 Prozent der Deutschen online – Zuwachs bei mobiler Internetnutzung und Bewegtbild. Ergebnisse der ARD/ZDF-Onlinestudie, 2014

[7] vgl. zur Entwicklung des E-Commerce: Heinemann, G., Der neue Online-Handel, 2015

[8] vgl. Theuversen, L. / Schütte, R., Lebensmittel im Electronic Commerce, 2013; S. 340f.

[9] vgl. zur Definition „Pure Player": Werner, K., Amazon: Der Begriff des „Pure Player" – Ein hausgemachtes Missverständnis, 2014

diejenigen [...] nutz[t]en es primär zum Verkauf von Non-Food-Ware [...]. Ausnahmen bilde[te]n lediglich reine, auf hochwertige Lebensmittel spezialisierte Online-Händler [...].“[10]

Ein Katalysator – auch für den deutschen Markt – war schließlich die Marketplace-Initiative des Online-Versandhändlers *Amazon*. Mit Marketplace konnten kleinere, spezialisierte Händler erstmals Produkte unter dem Dach von *Amazon* anbieten. Insbesondere Lebensmittel und Near-Food-Ware wurden somit erstmals seit längerer Zeit einer breiten Masse zur Verfügung gestellt. Gleichzeitig ist auch die Bereitschaft der Verbraucher gestiegen, im Internet zu ordern.[11]

Ab 2013 sind schließlich die deutschen Großunternehmen *Edeka* und *Rewe* mit ihren Onlineshops in den Markt eingetreten. *Tengelmann* ist mit der seit 1997 existenten regionalen Liefermarke *Bringmeister* in wenigen deutschen Großstädten ebenfalls auf dem Markt der angestammten Händler vertreten. Weiterhin investieren Pure Player wie *MyTime* oder der zur *Deutschen Post* gehörende Anbieter *Allyouneed*[12] vor allem in Werbemaßnahmen, um ihre Angebote bekannter zu machen. Die Entwicklung ist 2015 noch lange nicht abgeschlossen; so sind etwa die großen Retailer *Kaufland* und *Real* zwar mit Onlineshops vertreten, bieten aber hauptsächlich Produkte aus der Kategorie Non-Food an. Beobachter erwarten deren Markteintritt ebenso wie die Einführung eines Onlinelebensmittelangebotes der Discounter wie *Aldi* und *Lidl*.[13]

Steigender Anteil am Onlinekauf von Lebensmitteln
Anteil Onliner mit mindestens einem Lebensmittelkauf im Internet, in %

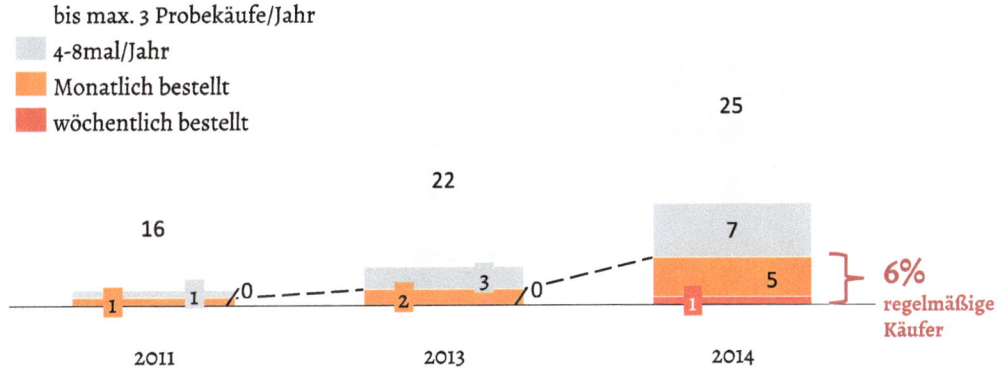

Daten: A.T. Kearney 2014. Basis: Internet-Nutzer in Deutschland
Quelle: Eigene Darstellung nach Warschun 2015

ABB. 1: ANTEIL DER ONLINER, DIE LEBENSMITTEL IM INTERNET BESTELLEN, 2011–14

---

[10] Heinemann G. / Vocke R., Lebensmitteleinzelhandel: Den Online-Zug nicht verpassen, 2010

[11] vgl. Theuversen, L. / Schütte, R., Lebensmittel im Electronic Commerce, 2013; S. 340f.

[12] Im März 2015 wurde *Allyouneed* in *Allyouneedfresh* umbenannt. Da im empirischen Teil Käufe beim Anbieter im Zeitraum Juli 2014 bis März 2015 berücksichtigt werden, wird in dieser Arbeit die alte Bezeichnung beibehalten. Vgl. Krisch, J., DHL lässt Allyouneed umbenennen, 2015

[13] Vgl. o.V., Aldi testet E-Commerce, Lebensmittelzeitung, 2015

Wird die Geschichte des Handels mit Lebensmitteln im Internet in Deutschland rückwirkend betrachtet, so kann mit dem Beginn der 2010er-Jahre daher von einer leichten Renaissance gesprochen werden. Auch auf der Seite der Konsumenten zeigt sich diese Veränderung. Einer regelmäßigen Befragung von *A.T. Kearney* zufolge ist der Anteil der Deutschen, die regelmäßig Lebensmittel im Internet bestellen, von 1 % im Jahr 2011 auf 6 % im Jahr 2014 gestiegen[14] (vgl. Abbildung 1). Die deutsche Bevölkerung hat in den letzten Jahren folglich begonnen, Lebensmittel im Internet zu kaufen; bezogen auf die Kaufreichweite zwar kontinuierlich zunehmend, allerdings auf sehr niedrigem Niveau.

Warengruppen: was heute bereits gekauft wird

Für einen Überblick über den Absatz von Fast Moving Consumer Goods in Deutschland bieten sich die Daten aus dem Haushaltspanel der *GfK* an. Im so genannten „GfK Consumer Scan" wird das Verbraucherverhalten der deutschen Bevölkerung repräsentativ gemessen.[15] Dem zufolge haben im Zeitraum von Juli 2013 bis März 2014 6,4 Millionen Deutsche einen FMCG-Onlineumsatz von 793 Millionen Euro getätigt. Bei einem Gesamtjahresumsatz von 1,1 Milliarden Euro entspricht der Onlineumsatz einem Anteil von 0,8 % (vgl. hierzu Umsätze und Anteile in Abbildung 2).

Überblick: Onlinekauf von „FMCG" in Deutschland
FMCG Online Käufer und Umsatz auf 9-Monatsbasis, in %

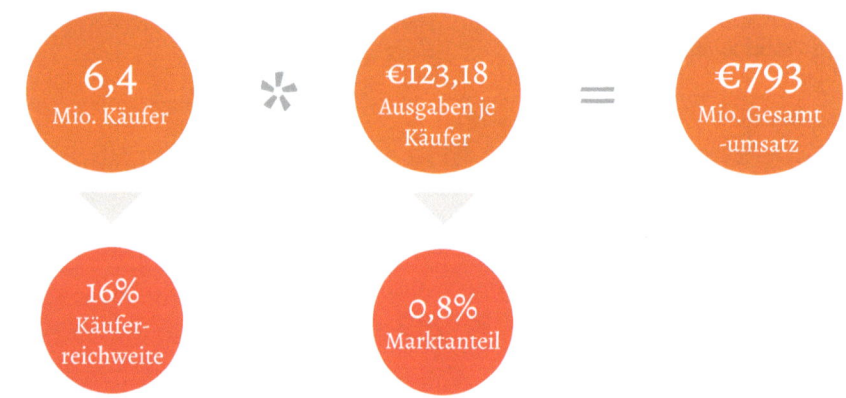

Daten: GfK Consumer Scan, Juli 2013 – März 2014,
Quelle: Eigene Darstellung nach Stapf / Schlottmann 2014, Basis: Deutsche Privathaushalte

ABB. 2: ECKDATEN ZUM LEBENSMITTELKAUF IM INTERNET, 2013/14

Der gesamte Umsatz kann hierbei für die einzelnen Warengruppen der Großkategorie „FMCG" aufgeteilt werden (vgl. Tabelle 1). Der Großteil des Umsatzes ist dabei auf FMCG-Käufe in den Berei-

---

[14] Vgl. Warschun, M. / Krüger, L. / Vogelpohl, N., Online-Food-Retailing: Der Markt wächst, 2015, S. 3
[15] Da der empirische Teil dieser Arbeit unter anderem auf Daten des *GfK* Haushaltspanels beruht, wird die Methodik an späterer Stelle ausführlich erläutert (vgl. Kapitel 3)

chen OTC-Produkte (Marktanteil 6,0 %), Tierbedarf (5,8 %) und Kosmetik bzw. Körperpflege (3,7 %) zurück zu führen. Auffällig ist die hohe Bedarfsdeckung für OTC-Produkte und Tierbedarf: So wird die Hälfte des Bedarfs im Bereich OTC inzwischen online gedeckt, in der Kategorie Tierbedarf sind es immerhin 35 %. Food-Warengruppen wie Süßwaren, Obst/Gemüse und Molkereiprodukte hingegen haben jeweils Marktanteile von unter 0,5 %[16], die Bedarfsdeckung befindet sich für diesen Bereich bei zehn und weniger Prozentpunkten.

Warengruppe Daten: GfK Consumer Scan 2014	Onlineumsatzanteil (in %)	Onlinereichweite (in %)	Anteil Online- bedarfsdeckung (in %)
OTC-Produkte	6,0	2,0	50
Tiernahrung, Tierbedarf	5,8	2,9	35
Kosmetik/Körperpflege	3,7	7,2	23
Heißgetränke	2,3	3,4	34
Babynahrung/Babybedarf	2,2	0,4	19
Alkoholhaltige Getränke	1,5	1,7	28
Papierwaren	0,7	1,1	25
Wasch-, Putz-, Reinigungsmittel	0,5	1,5	21
Süßwaren	0,3	2,5	9
Nahrungsmittel	0,3	4,2	6
Obst/Gemüse	0,2	2,1	8
Mokereiprodukte „gelb" (Käse)	0,2	1,5	10
Molkereiprodukte „weiß" (Milch)	0,2	1,3	10
Alkoholfreie Getränke	0,2	1,1	11

TAB. 1: ONLINEUMSATZANTEIL, -REICHWEITE UND -BEDARFSDECKUNG NACH WARENGRUPPEN[17]

Ein ähnliches Bild zeigen bekannte aktuelle Befragungen auf dem deutschen Markt. Zwar konnte im Consumer Barometer des Instituts für Handelsforschung in Zusammenarbeit mit den Wirtschaftsprüfern von *KPMG* ermittelt werden, dass 2014 ein Drittel der Deutschen schon einmal online Lebensmittel bestellten, jedoch „sind bislang eher höherpreisige Produkte mit Spezialitätencharakter im Online-Kanal erfolgreich"[18], zugunsten regionaler Lieferanten. Die Marktforscher von *Fittkau & Maaß* beziffern in ihrer *W3B*-Studie für 2014 den Anteil auf 25 % der deutschen Onliner, die mindestens einmal eine Lebensmittelbestellung im Internet aufgegeben haben. Jedoch handelt es sich bei der signifikanten Mehrheit weder um ein regelmäßiges Einkaufen, noch wird ein hoher Anteil des Bedarfs durch die Käufer „online" gedeckt. Auf die Frage „Wo kaufen Sie zurzeit den Großteil Ihrer Lebensmittel ein?" antwortet nur 1 % der Befragten mit der Option „im Internet".[19]

Es kann festgehalten werden: Durchgesetzt hat sich der selektive Kauf von Lebensmitteln im Internet. Spezialitäten wie Weine oder Kaffee werden in Deutschland zunehmend nachgefragt und

---

16 Bei der Anteilsberechnung am Umsatz ist zu beachten, dass FMCG-Produkte wie bspw. Süßwaren und Milchprodukte mit ihrem niedrigen Preisniveau per se einen geringen Anteil ausmachen. Bei Anteilsberechnungen nach gekauften Produkten, ist bei Süßwaren ein deutlich höherer Wert auszumachen.

17 Basierend auf den Kaufdaten aus dem *GfK* Consumer Scan Panel von Juli 2013 bis März 2014. Nach Stapf, I. / Schlottmann, M., E-Commerce heute und morgen, 2014

18 KPMG, Food Online, 2014, S. 4

19 vgl. Fittkau & Maaß, W3B-Report Lebensmittel im Internet, 2014, S. 21

bei Bedarf bestellt. Der Lebensmittelkauf zur Deckung des täglichen Bedarfs steht jedoch noch am Anfang; nach wie vor besteht im Markt die große Herausforderung, die Konsumenten von den Möglichkeiten zu überzeugen und Neukäufer zu gewinnen.

Die Zielgruppe: wer heute schon kauft

Basierend auf den Daten des GfK-Haushaltspanels geben Stapf und Schlottmann für die FMCG-Online-Wiederkäufer (in Summe über alle Warengruppen und Einkaufsstätten) an, dass es sich um eine etwas jüngere Zielgruppe mit leicht höherem Nettoeinkommen handelt. Auffällig ist dabei, dass der Anteil an Premiumshoppern, also Personen, die einen hohen Anteil ihres Bedarfs in Premiummarken investiert, signifikant höher ist, wohingegen die Orientierung zu Handelsmarken/Eigenmarken deutlich geringer ausfällt. Generell handelt es sich bei den FMCG-Online-Wiederkäufern um eine Zielgruppe mit spürbar höherer Innovationsneigung sowie einer hohen Affinität zu Bioprodukten und dem Themenbereich Nachhaltigkeit.[20]

Auch hier zeichnen die Marktbefragungen von *KPMG* und *Fittkau & Maaß* ein ähnliches Bild: In ersterer Studie kann zwar gezeigt werden, dass alle Altersgruppen unter den Onlinelebensmittelkäufern und daran Interessierten vertreten sind, jedoch wird Personen zwischen 30 und 39 Jahren eine höhere Affinität zugeschrieben.[21] Die identische Altersgruppe wird auch von *Fittkau & Maaß* identifiziert: „Vor allem unter trendbewussten Personen im Alter zwischen dreißig und vierzig Jahren sind viele, die bereits online Lebensmittel bestellen oder daran konkretes Interesse zeigen."[22] Weiterhin lässt sich – korrespondierend zu den *GfK*-Ergebnissen – feststellen, dass vor allem unter Biokäufern ein höherer Anteil Lebensmittel online bezieht. Demgegenüber weisen Personen, die ihren Lebensmittelbedarf überwiegend bei Discountern decken, eine deutlich geringere Affinität zum E-Shopping auf. Insgesamt handelt es sich *Fittkau & Maaß* zufolge um eine zu höheren Anteilen berufstätige Zielgruppe, die zudem sehr einkommensstark ist und über ein deutlich höheres Qualitätsbewusstsein bei einem geringeren Preisbewusstsein verfügt.

Insgesamt ist es eine noch sehr kleine Zielgruppe, die regelmäßig ihre Lebensmittelkäufe online tätigt. Mehrere Stimmen sehen diese Personen als Ausgangspunkt für die Ausrichtung der weiteren Kommunikations- und Distributionspolitik des Handels. Stellvertretend an dieser Stelle die Gedanken von Christian Seitz:

„One success factor is to concentrate on those consumer groups with a high willingness to engage in e-grocery. One remarkable insight is that there is a small, but promising percentage of potential e-grocery users with high propensity to shop groceries online and, which is the important fact, with high willingness to pay a premium."[23]

---

[20] vgl. Stapf, I. / Schlottmann, M., E-Commerce heute und morgen, 2014, S. 21ff
[21] KPMG, Food Online, 2014, S. 2
[22] Fittkau & Maaß, W3B-Report Lebensmittel im Internet, 2014, S. 7
[23] Seitz, C., E-grocery as new innovative distribution channel, 2013, S. 132

Dieser Gedanken wird an späterer Stelle aufgegriffen – die Idee, auf die bisherige Nischengruppe zu fokussieren und diese als Ausgangspunkt für die weitere Kommunikation zu nutzen, bildet die Grundlage des empirischen Teils dieser Arbeit.

Die Anbieter: wo heute gekauft werden kann

Wie bereits beschrieben weitet sich die Zahl der Angebote auf dem deutschen Markt kontinuierlich aus[24]. Unterschieden werden kann zwischen den klassischen Lebensmitteleinzelhändlern, die auch im stationären Geschäft vertreten sind (wie *Rewe*, *Edeka*[25]) und den Pure Playern (wie *Allyouneed* und *MyTime*). Weiterhin sind Nischenangebote wie *Gourmondo* oder auch das Lebensmittelangebot von *Amazon* zu nennen. Beide verfügen jedoch nicht über ein umfassendes Lebensmittelangebot, das den täglichen Bedarf vollständig abdeckt.

Anbieter (URL)	Frisch- waren	Lebensmittel, exkl. frische	Nearfood, exkl. Tierbedarf, Baby	Tierbedarf, Baby	Non- Food, Services	Verfügbarkeit
allyouneed.com	√	√	√	√	√	deutschlandweit
bringmeister.de	√	√	√	√		2 Großstädte[26]
dein-edeka.de	√	√	√	√		deutschlandweit
edeka24.de	√	√	√	√	√	deutschlandweit
edeka-lebensmittel.de	√	√	√	√	√	deutschlandweit
food.de	√	√	√	√		7 Großstädte[27]
gourmondo.de	√	√				deutschlandweit
kaufland.de					√	deutschlandweit
lebensmittel.de	√	√	√	√	√	deutschlandweit
mytime.de	√	√	√	√		deutschlandweit
real.de				√		deutschlandweit
rewe.de	√	√	√		√	16 (Groß-)Städte[28]
rossmannversand.de		√	√	√	√	deutschlandweit
saymo.de		√	√	√		deutschlandweit

TAB. 2: ÜBERBLICK ÜBER DAS ANGEBOT AUSGEWÄHLTER ONLINEHÄNDLER[29]

Im engeren Sinne sollen auch – wenn nicht anders beschrieben – verwandte Bereiche wie Drogerie- oder Tiernahrungsartikel nicht Gegenstand der Untersuchung sein. Der Fokus der Betrachtung liegt auf denjenigen Anbietern, die ein Sortiment anbieten, das in weiten Teilen dem eines Super-

---

[24] Für eine detaillierte Übersicht zu allen Angeboten im deutschen Markt und insbesondere deren Geschäftsmodellen vgl. Nufer, G. / Kronenberg, S., Chancen für nachhaltige Geschäftsmodelle im Lebensmittel-Onlinehandel, 2014

[25] *Edeka* spielt mit seinen Regionalgesellschaften auf dem deutschen Markt eine besondere Rolle. Daher führt *Edeka* auch mehrere digitale Marken wie bspw. *Edeka24*, *Edeka-Lebensmittel* oder *Dein-Edeka*. Im Folgenden werden die Angebote zusammengefasst, im empirischen Teil wurden alle Angebote geprüft.

[26] Berlin, München

[27] Mehrere Großstädten und Umkreis (Köln, München, Hamburg, Düsseldorf, Berlin, Frankfurt, Leipzig).

[28] Hamburg, Hannover, Berlin, Bielefeld Bremen, Düsseldorf, Köln, Ludwigshafen, Ludwigsburg, München, Stuttgart, Frankfurt & Taunus, Mannheim, Nürnberg, Heidelberg, Homberg (Ohm)

[29] Quelle: eigene Darstellung, basierend auf einer Recherche im März 2015. Aufgenommen sind die bekannten Angebote der Pure Player und der klassischen Einzelhändler. Discounter sind nicht abgebildet, da kein Anbieter über ein relevantes Lebensmittel-Angebot im Internet verfügt.

marktes entspricht und daher – potenziell – einen Teil des Bedarfes des täglichen Einkaufs decken kann. Eine Übersicht über das aktuelle Angebot in Deutschland bietet Tabelle 2. Zu beachten ist hierbei, dass eben nicht alle Anbieter über ein umfassendes Lebensmittelangebot verfügen. So wurden die beiden bereits genannten etablierten Retailer *Kaufland* und *Real* nur der Vollständigkeit halber mit aufgeführt – beide verfügen aber noch nicht über ein entsprechendes Food-Sortiment im Internet.

Auffallend ist auch die nur eingeschränkte regionale Verfügbarkeit der Angebote. Großstadtbewohner haben eine größere Auswahl an Lieferdiensten; *Rewe* etwa baut sein Angebot sukzessive aus, ist aber bislang in lediglich 16 Großstädten und Metropolregionen vertreten.

Mithilfe der Daten aus dem Haushaltspanel kann die *GfK* den Onlineumsatz im FMCG-Markt nach Einkaufsstätten differenzieren. Korrespondierend zu den am meisten nachgefragten Warengruppen (vgl. oben) sind die umsatzstärksten Händler nicht etwa klassische Händler wie *Rewe* und *Edeka* oder Pure Online Player wie *All you need* oder *MyTime*. Lediglich 0,6 % der deutschen Bevölkerung haben im betrachteten Zeitraum mindestens einmal bei den klassischen Händlern eingekauft, nur 1,3 % bei den Pure Online Playern. Die größten Anteile der FMCG-Umsätze gehen an die Tierbedarfshändler *Zooplus* und *Fressnapf* sowie an die Summe der Onlineapotheken. Als größter einzelner Händler vereint *Amazon* 8,1 % aller FMCG-Umsätze auf sich.[30]

Zusammenfassend zeigen die *GfK*-Daten aus dem Haushaltspanel auch für die ausgewiesenen Angebote, dass der Onlinekauf von Fast Moving Consumer Goods noch nicht alltäglich ist. Zwar wird der Bedarf an Near-Food-Produkten wie Drogerie- oder Tierbedarf zu immer größeren Teilen über den Kanal „Online" gedeckt (vgl. oben), die Käufe erfolgen aber bei speziellen Händlern oder bei *Amazon*.

Derselbe Schluss lässt sich auch aus einer Analyse der Onlinereichweiten der genannten Shops ziehen, wenn die Reichweitenwerte als ein Indikator für die tatsächlichen Käufe genutzt werden. Während die Player aus anderen Branchen von sehr hohen Anteilen der Internetnutzerschaft regelmäßig aufgerufen werden, werden die Internetauftritte der Onlinesupermärkte nur von einem kleinen Anteil der Onliner besucht. So verfügen die Top-E-Commerce-Angebote über Quartalsreichweiten jenseits der 20%-Marke: *Amazon* (73 %), *eBay* (65 %), *Otto* (29 %), *Tchibo* (20 %). Mit Ausnahme von *Rewe* (8 %) befinden sich die Websites aller relevanten Player unterhalb der 5%-Grenze.[31]

---

[30] vgl. Stapf, I. / Schlottmann, M., E-Commerce heute und morgen, 2014, S. 11ff.

[31] Alle Quartalsreichweiten aus GfK Crossmedia Link Panel, Q4/2014 (zur Methode vgl. Kapitel 4)

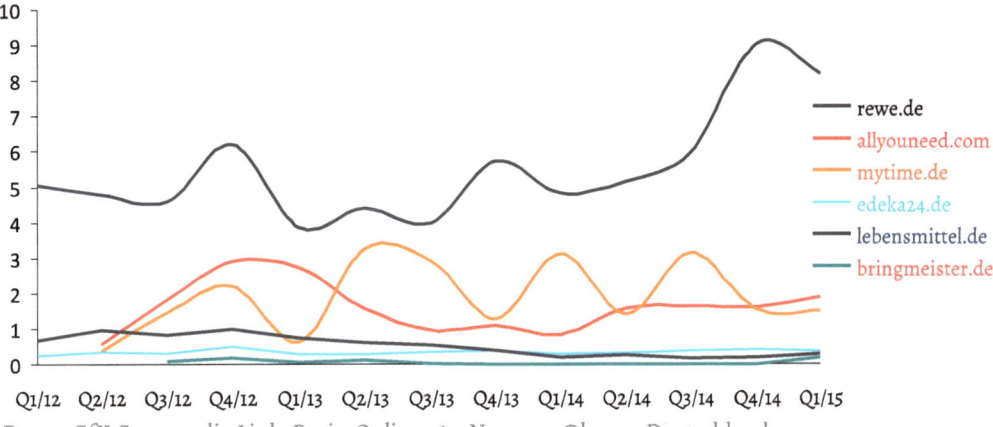

ABB. 3: REICHWEITEN AUSGEWÄHLTER HÄNDLER-WEBSITES, 2012–15[32]

Abbildung 3 zeigt die Entwicklung im Zeitverkauf für ausgewählte Websites von Händlern. Das Angebot von *Rewe* befindet sich auf Wachstumskurs. Die weiteren Anbieter sind aber allesamt noch auf niedrigem Level. Der wellenförmige Verlauf von *MyTime* zeigt vermutlich die Auswirkungen saisonaler Werbemaßnahmen, eine entsprechende Verifizierung hierfür steht an dieser Stelle aber noch aus.[33]

Beide Betrachtungsweisen, sowohl die Kaufdaten aus dem *GfK*-Verbraucherpanel als auch der Vergleich der Onlinereichweiten, zeigen deutlich: Der Lebensmittelhandel im Sinne von Food-Produkten bei klassischen Händlern wie *Rewe* und *Edeka* oder bei Pure Online Playern wie *All you need* oder *MyTime* ist (noch) ein Nischenphänomen.

Die Einschätzung der (Nicht-)Kunden: Vorteile

Es gibt zahlreiche Untersuchungen, warum der Lebensmittelhandel im Internet noch dieses Nischendasein fristet. An dieser Stelle sollen Treiber und Barrieren kurz zusammengefasst werden. Im empirischen Teil wird an diese Punkte angeknüpft, wenn der Frage der Übergangswahrscheinlichkeiten zwischen Nichtkäufern und Käufern nachgegangen wird.

Mehrere Studien kommen übereinstimmend zu dem Schluss, dass die wichtigsten Vorteile aus Kundensicht die Unabhängigkeit von Öffnungszeiten und die sich ergebende Zeitersparnis sind. Der Lebensmittel-*Lieferdienst-Monitor*[34] identifiziert weiterhin als Topvorteil die direkte Lieferung nach Hause, die das Tragen von schweren Produkten wie Getränkekisten abnimmt. Demgegenüber

---

[32] abgebildet sind die Angebote, die im empirischen Teil dieser Arbeit analysiert werden

[33] zu den aktuellen Werbeaktivitäten von u.a. *Rewe* und *MyTime* vgl. Kapitel 2

[34] vgl. Dr. Grieger & Cie, Lebensmittel-Lieferservice Monitor, 2014, S. 6

benennt die *KMPG*-Studie den Faktor Bequemlichkeit als zentralen Punkt: „*Die unkomplizierte Liefe-rung nach Hause ist für die Befragten von höchster Relevanz. [...] Eine Abholung der bestellten Ware an Pick-Up-Stationen ist bei den Befragten insgesamt die unbeliebteste Variante.*"[35] *Fittkau & Maaß* zufolge spielt auch das größere Sortiment im Internet eine entscheidende Rolle:

> „*Attraktiv macht den Online-Lebensmittelkauf aus Nutzersicht neben der Unabhängigkeit von Ladenöff-nungszeiten und der Zeitersparnis insbesondere auch die große Auswahl an Lebensmitteln im Internet. Vor allem jüngere Nutzer wissen dies zu schätzen.*"[36]

Hier zeigen die Studien ein unterschiedliches Bild, wohl auch, weil teilweise der Lebensmittel-handel im Internet im Generellen analysiert wird (inklusive Gourmet- und Spezialkäufen). So wer-den die Sortimentsvielfalt sowie die geringeren Preise erwähnt. De facto ist bei den Onlinesupermärkten die Sortimentsauswahl jedoch deutlich geringer. Der von *Fittkau & Maaß* iden-tifizierte Vorteil lässt daher eher auf die Auswahl des Lebensmittelangebots im Generellen und die damit verbundene Anzahl an Spezialanbietern und deren Produkte schließen. Ähnlich ist der ge-nannte Vorteil „Preis" zu bewerten. Obwohl der Großteil der Anbieter im Onlineshop dieselben Prei-se wie im stationären Handel verlangt, werden „geringere" Kosten als Vorteil genannt. *Edeka, Rewe* und Co. jedoch sind in der Regel an identische Preise gebunden; „*selbst wenn Online-Händler versuchen würden, höhere Lebensmittelpreise durchzusetzen, würde die Wettbewerbssituation in Deutschland diese Zu-schläge nicht zulassen*"[37].

Zusammenfassend sind es die Aspekte Bequemlichkeit, Zeitersparnis und die Unabhängigkeit von Ladenöffnungszeiten, die aus Kundensicht als Hauptvorteile des Lebensmittelkaufs im Internet zu sehen sind. Die Merkmale Preis und Sortimentsvielfalt sollen an dieser Stelle aus den genannten Gründen vernachlässigt werden.

Die Einschätzung der (Nicht-)Kunden: Barrieren

Bei der Beantwortung der Frage, warum die absolute Mehrheit der Deutschen noch nie Lebens-mittel im Internet eingekauft hat, wird landläufig primär an die „typischen" Barrieren gedacht, wie den nicht bestimmbaren Lieferzeitpunkt und die fehlende Möglichkeit, Produkte haptisch zu erfas-sen. Eine Mehrheit der Bevölkerung (68 %) sieht *A.T. Kearney* zufolge jedoch gar keine Notwendigkeit im Onlineshopping von Gütern des täglichen Bedarfs, da eine hohe Zufriedenheit mit den gegebe-nen (Offline-)Einkaufsmöglichkeiten besteht.[38] Zum gleichen Ergebnis kommen auch die Forscher *Fittkau & Maaß* in ihrer W3B-Studie. So sagen 60 % der Ablehner, dass sie „*mit dem Einkaufen von Le-*

[35] KPMG, Food Online, 2014, S. 3
[36] Fittkau & Maaß, W3B-Report Lebensmittel im Internet, 2014, S. 7
[37] Warschun, M. / Krüger, L. / Vogelpohl, N., Online-Food-Retailing: Ein Markt im Aufschwung, 2013, S. 8
[38] vgl. Warschun, M. / Krüger, L. / Vogelpohl, N., Online-Food-Retailing: Ein Markt im Aufschwung, 2013, S. 5

bensmitteln zufrieden [sind], so wie es ist."[39] Das bedeutet, dass ein Großteil der potenziellen Kunden den Mehrwert einer Onlinebestellung noch nicht für sich identifiziert hat.

Abgesehen vom fehlenden grundsätzlichen Nutzen sind die wichtigsten Barrieren die fehlende Haptik und, damit verbunden, die angezweifelte Qualität der durch den Händler für den Versand ausgesuchten Produkte. Die komplizierte Lieferung und – bezogen auf Frischeprodukte – die Sorge, dass die Kühlkette nicht eingehalten wird, sind weitere aus Kundensicht genannte Gründe, Lebensmittel (noch) nicht online zu bestellen.[40]

Ein zentraler Faktor, der über alle Studien hinweg identifiziert wurde, sind die Lieferkosten. Bei der Bestellung wird in der Regel ein Zusatzentgelt fällig, das abhängig von den Zustellzeiten variieren kann. So verlangt beispielsweise Rewe in den Spitzenzeiten, nämlich wochentags in den Abendstunden, eine höhere Zustellgebühr. Zwar zeigen Befragungen, dass ein beachtlicher Anteil der deutschen Bevölkerung bereit ist, eine Extragebühr zu erheben, die als Ausgleich zur Zeitersparnis beim Einkaufen verstanden wird.[41] Jedoch reichen die Prognosen zur Zukunft der Liefergebühr von „kostenlos" (mit der Argumentation zur Parallele bei Büchern und Kleidung) bis hin zu einem Quasi-Auktionsmodell (hohe Lieferkosten zu stark nachgefragten Zeiten bzw. bei schneller Lieferung/Same-Day-Delivery). Seitz diskutiert diese Modelle, zieht eine Parallele zu anderen Bereichen des E-Commerce und diagnostiziert mit dem Beginn des Onlinehandels von Lebensmitteln die Rücknahme des „Outsourcings" der Logistik an den Kunden:

> *„The main notion behind the concept of any e-commerce model is that the retailer 'reintegrates' the logistics of assembly, packaging and delivery from the consumers back to the firm, since beforehand in the traditional retail setting these activities were 'outsourced' to the consumers. The question is who will bear the additionally accrued costs for the logistics."*[42]

Was Nichtkunden als wichtig einstufen

Eine weitere Perspektive bietet die direkte Befragung von Personen, die bisher noch keine Lebensmittel im Internet gekauft haben, nach der Wichtigkeit verschiedener Aspekte. Im Frühjahr 2014 hat die *GfK* hierzu eine sogenannte Sondereinfrage in ihrem Haushaltpanel getätigt. Vier von fünf Befragten beurteilen jeweils die Merkmale „sicherer Umgang mit den persönlichen Daten", „schnelle und zuverlässige Lieferung", „sichere und bequeme Zahlungsabwicklung", „gutes Preis-Leistungs-Verhältnis" und „Rückgabe bei nicht ausreichender Qualität" als wichtig bzw. sogar sehr wichtig. Weiterhin taucht auch hier die Wichtigkeit hinsichtlich „guter Qualität der gelieferten Frischeprodukte" (77 % Wichtigkeit), einer „versandkostenfreien Lieferung" (76 %) und der „kostenfreien Rücksendung von Produkten" (75 %) auf.

---

[39] vgl. Fittkau & Maaß, W3B-Report Lebensmittel im Internet, 2014, S. 27

[40] vgl. KPMG, Food Online, 2014, S. 3

[41] vgl. Wagner, W. / Wiehenbrauk, D., Cross Channel. Revolution im Lebensmittelhandel, 2014, S. 17

[42] Seitz, C., E-grocery as new innovative distribution channel, 2013, S. 113

Eher unwichtig im Vergleich werden „Zusatzfunktionen des Onlineshops (wie Erstellung von Einkaufslisten, Foren, Ernährungstipps usw.)" (27 %), die „Möglichkeit, den Shop per Handy/Smartphone zu nutzen" (28 %), und die „Lieferung am selben Tag" (35 %) gewertet. Vor allem der letzte Aspekt erscheint überraschend, da „Same-Day-Delivery" immer wieder im Mittelpunkt der Diskussionen steht.[43]

Um die Nische „Lebensmittelhandel im Internet" ein Massenphänomen zu transformieren, müssen die Anbieter also die Ängste bezüglich der Auswahl der Waren, der Bezahlungsverfahren und einer zu komplizierten Lieferung bekämpfen. Übereinstimmend zeigen die vorhandenen Studien, dass diese Vorbehalte in weiten Kreisen der Bevölkerung vorhanden sind – bei älteren Konsumenten über alle relevanten Barrieren deutlich ausgeprägter. Es wird die Aufgabe sein, die „Convenience" des Online-Lebensmittelhandels darzustellen, die Zuverlässigkeit in puncto Lieferung, Produktvielfalt und Qualität zu kommunizieren und den Vorteil gegenüber dem stationären Handel auf den Punkt zu bringen.

Ausblick: wie sich der Lebensmittelhandel im Internet entwickeln wird

Um die Bestandsaufnahme des Onlinehandels mit Lebensmitteln zu vervollständigen, wird an dieser Stelle ein kurzer Überblick über die Prognosen für die kommenden Jahre gegeben.

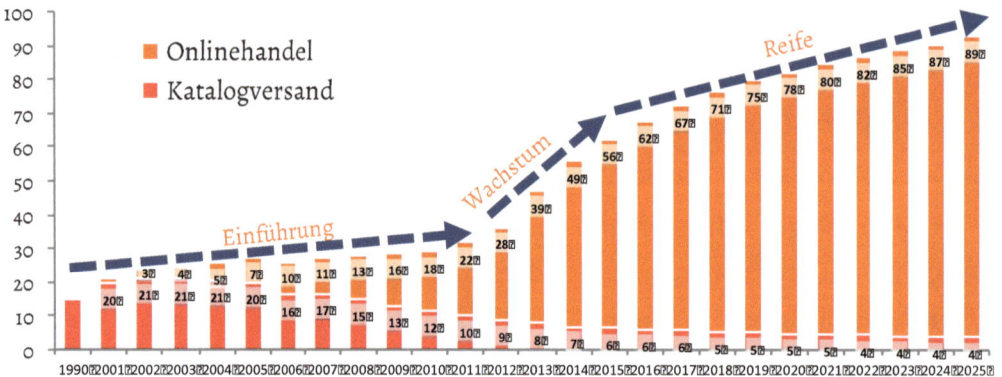

Daten: GfK, auf Basis des bvh Bundesverband des Deutschen Versandhandels, ab 2015 = Prognose
Quelle: Eigene Darstellung nach Doplbauer 2015

ABB. 4: UMSATZENTWICKLUNG UND PROGNOSE FÜR DEN DISTANZHANDEL, BIS 2025

---

[43] Diese Kriterien werden am Ende der Arbeit wieder aufgenommen: So wird die Wichtigkeit der Items für die Gruppe der Second Mover ausgewertet, um eine Idee zu bekommen, welche Merkmale in der werblichen Botschaft zur Adressierung der Second Mover besonders hervorgehoben werden müssen.

Die *GfK* sagt – bezogen auf den kompletten Onlinehandel – ein kontinuierliches Wachstum für die nächsten zehn Jahre voraus. Insbesondere werden hierbei innerhalb des Distanzhandels die Umsätze via Katalogversand zugunsten des Onlineumsatzes deutlich abnehmen (vgl. Abbildung 4).

In denselben Prognosemodellen trifft die *GfK* auch eine Aussage für verschiedene Warengruppen und deren prozentualen Anteil am gesamten Onlinehandelsvolumen (vgl. Abbildung 5). Demzufolge wird die Kategorie „Lebensmittel & Drogerie" ihren Anteil von 6,5 % (2013) auf 17,8 % (2025) am online getätigten Umsatz in Deutschland erhöhen. Vor dem Hintergrund eines prognostizierten Wachstums des Gesamtumsatzes für den Onlinehandel im selben Zeitraum von 39 auf 89 Milliarden Euro handelt es sich um einen bemerkenswert starken Anstieg. Im Vergleich zu den Prognosewerten aus weiteren Studien überraschen diese Zahlen kaum. Wenngleich sich die prognostizierten Umsätze in ihrer Höhe teilweise merklich unterscheiden, sagen alle Beobachter ein äußerst starkes Wachstum voraus.

„Lebensmittel & Drogerie" mit stärksten Wachstum

Warengruppenumsatz im Onlinehandel am gesamten Onlinehandelsvolumen, in %

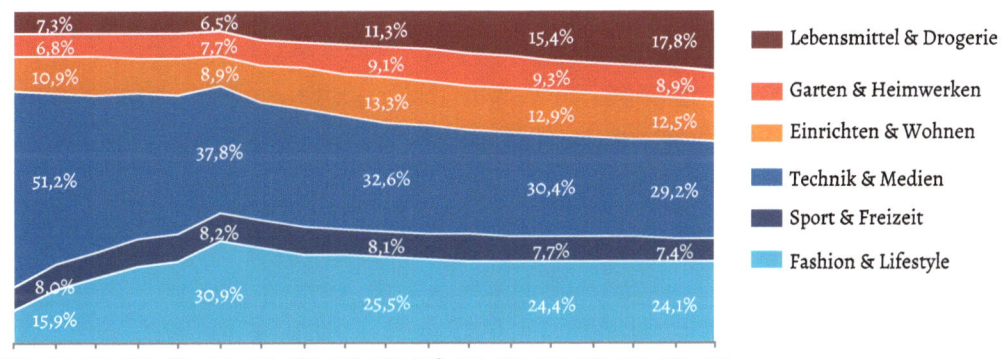

Daten: GfK, auf Basis des bvh Bundesverband des Deutschen Versandhandels, ab 2015 = Prognose
Quelle: Eigene Darstellung nach Doplbauer 2015

ABB. 5: UMSATZENTWICKLUNG UND PROGNOSE FÜR DEN DISTANZHANDEL, BIS 2025

So gehen die Marktforscher von *A.T. Kearney* davon aus, dass im Jahre 2020 etwa drei Prozent des gesamten Umsatzes im Lebensmitteleinzelhandel in Deutschland über das Internet abgewickelt werden, was einem Markt von etwa 5 Milliarden Euro entspräche.[44] Die Unternehmensberater von *McKinsey* beziffern einen Onlineumsatzanteil im selben Jahr von sogar 5 %.[45] Auch *Ernst & Young* geben eine äußerst optimistische Prognose für die Zukunft ab:

---

[44] Vgl. Warschun, M. / Krüger, L. / Vogelpohl, N., Online-Food-Retailing: Der Markt wächst, 2015; S. 5
[45] Vgl. Hansen N. / Hielscher H., McKinsey erwartet starkes Wachstum des Lebensmittelhandels per Internet, 2013

„Wir erwarten, dass die Konsumenten bis 2020 Lebensmittel im Wert von mehr als 40 Milliarden Euro durch eine Kombination von stationären und digitalen Einkaufskanälen beziehen. Zudem werden 20 Milliarden Euro nur über digitale Einkaufskanäle umgesetzt." [46]

Hauptimpuls für die positive Entwicklung sehen die Berater von *Ernst & Young* in der erfolgreichen Implementierung von Cross-Channel-Strategien. Damit ist die Verbindung der On- und der Offlinewelt gemeint, etwa die Kaufvorbereitung via Internet und die Durchführung im stationären Handel oder vice versa. Der Gründer des Onlinehändlers *Allyouneed*, Christian Heitmeyer, interpretiert Cross-Channel als *„integrierte Systeme [...], mit denen wir diese Produkte unserem elektronischen Einkaufszettel zufügen"*[47], und fokussiert in seinen Prognosen auf der Verzahnung von mobilen Onlinediensten mit der Offlinewelt. Auch die Marktforscher von *Nielsen* bewerten die Verknüpfung der Kanäle als wichtigsten Treiber aus Anbietersicht:

„There's a clear digital path to purchase, and keeping up with continously changing technology will be one of the biggest challenges for the CPG industry. E-Commerce is here, and companies are now navigating mobile commerce (m-commerce), complete with new platforms and applications for consumers."[48]

Experten und Marktforschungsinstitute sind sich einig: Wird eine zielführende Cross-Channel-Strategie von mindestens einem, idealerweise von mehreren Playern in einem Markt erfolgreich umgesetzt, kann von einem äußerst starken Wachstum in den nächsten zehn Jahren ausgegangen werden. Die oben genannten Milliardenumsätze sind daher vor dem Hintergrund von erfolgreichen Cross-Channel-Strategien zu bewerten.[49]

---

[46] Wagner, W. / Wiehenbrauk, D., Cross Channel. Revolution im Lebensmittelhandel, 2014, S. 16

[47] Heitmeyer, C., Retail is detail & retail goes mobile, 2012, S. 57

[48] Nielsen, The digital consumer's journey in the Western Europe grocery market , 2014; S. 4

[49] An dieser Stelle sei ergänzt: Nicht nur Einschätzungen von Unternehmen sagen ein intensives Wachstum des Onlinehandels mit Lebensmitteln voraus. In Befragungen äußern Käufer eine künftige Intensivierung; immer mehr Nichtkäufer stellen in Aussicht, diese Services in Anspruch zu nehmen. So kommen die Marktforscher von *Dr. Grieger & Cie* zu einem Wachstum innerhalb der nächsten zwölf Monate um 44,4 Prozent (vgl. Dr. Grieger & Cie (Hrsg.), Lebensmittel-Lieferservice Monitor, 2014).

Deutschland im Vergleich zu anderen Märkten

In Anschluss an die Bestandsaufnahme zum Onlinelebensmittelhandel in Deutschland wird folgend ein Vergleich mit ausgewählten Ländern vorgenommen. Der Vergleich der Onlineumsätze – basierend auf den Haushaltspanels der Marktforschungsinstitute *Kantar* und *GfK* (gemeinsam: *Europanel*) – zeigt deutlich, dass Deutschland in der Entwicklung im Vergleich zu Südkorea, Großbritannien oder Frankreich noch Nachholbedarf hat (vgl. Abbildung 6).

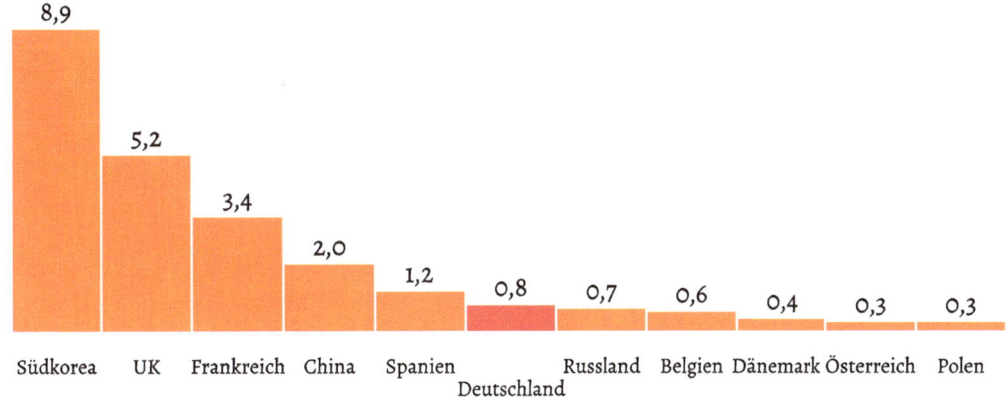

ABB. 6: ONLINEANTEIL DER FMCG-UMSÄTZE IN AUSGEWÄHLTEN MÄRKTEN, 2013/2014

Südkorea gilt weltweit als der Markt mit der höchsten Penetrationsrate im Onlinehandel mit Lebensmitteln. Marktführer ist seit 2011 *Tesco*, die mit einer massiven Kampagne in U-Bahn-Stationen Plakatwerbung anbrachten, auf denen Supermarktregale abgebildet waren[50].

> „*So können sie auf dem Weg zur Arbeit oder auf dem Weg nach Hause ihren Einkauf erledigen. Der Treiber für die Etablierung in Südkorea ist also die für den Einkauf zur Verfügung stehende Zeit.*"[51]

Die außergewöhnlich hohe Durchdringung mit Smartphones ist ein weiterer Faktor, warum Südkorea als Vorreiterland gilt. Eine Analyse mit dem „*Consumer Barometer Tool*" von *Google* zeigt, dass beinahe ein Drittel der Südkoreaner ihren letzten Lebensmittelkauf im Internet getätigt haben[52] (vgl. Abbildung 7).

---

[50] Vgl. u.a. „Shopping by phone at South Korea's virtual grocery", http://www.bbc.com/news/business-15341910 zuletzt abgerufen am <02.05.2015>

[51] Linder, M. / Rennhak, C., Lebensmittel-Onlinehandel in Deutschland, 2012, S.33

[52] Google, Consumer Barometer Study, 2014. Insgesamt stehen Daten aus 56 Märkten zur Verfügung. Für vorliegende Arbeit wurden neben den deutschsprachigen Ländern nur die Vorreitermärkte Südkorea, Großbritannien und Frankreich ausgewertet.

Daten: Google Consumer Barometer, 2014. Basis: Internet-Nutzer im jeweiligen Markt
Quelle: Eigene Darstellung

ABB. 7: ONLINEANTEIL DES LETZTEN LEBENSMITTELKAUFS IN AUSGEWÄHLTEN MÄRKTEN, 2014

Als Vorreitermarkt in Europa gilt Großbritannien. Linder und Rennhak gehen davon aus, dass die Briten den Deutschen in Bezug auf den Onlinehandel mit Lebensmitteln etwa 7 Jahre voraus sind. Das liegt zum einen daran, dass bereits seit Ende der 1990er-Jahr die Möglichkeit besteht, Produkte des täglichen Bedarfs online zu bestellen. *ASDA* ist seit 1999 auf dem Markt, 2000 folgte *Sainsbury*, 2005 eröffnete *Tesco* ein eigenes Kommissionierungszentrum, das für den Onlinehandel errichtet wurde. Der Pure Online Player *Ocado* existiert ebenfalls seit 2001 und hat sich erfolgreich als umweltfreundlicher Händler positioniert. Damit existiert seit vielen Jahren ein flächendeckendes Angebot von mehreren Onlinehändlern.[53] Ein weiterer entscheidender Unterschied zum deutschen Markt: In Großbritannien sind die Lebensmittelpreise per se höher und die Discounter deutlich weniger verbreitet, was sowohl mit der geringeren Preissensibilität der Briten als auch den höheren Gewinnmargen der britischen Händler einhergeht.[54]

Auch in Frankreich ist der Handel mit Lebensmitteln im Internet deutlich verbreiteter. Dort ist das Konzept der „letzten Meile" überaus erfolgreich. Der Verbraucher bestellt die Waren online und holt sie dann mit dem eigenen Fahrzeug ab. Sowohl *Leclerc, Courses U, Télémarket, Houra* und *Carrefour* als auch *Auchan* bieten die sogenannten „Click-and-Drive"-Möglichkeiten an, und immer mehr Abholstationen werden von den Anbietern angekündigt. Das Modell wird bisweilen als „französische Lösung" betitelt. Eine wichtige Rolle für den Erfolg in Frankreich spielt unter anderem die im Vergleich zu Deutschland deutlich geringere Dichte an Lebensmitteleinkaufsstätten.[55] Umgekehrt ist

---

[53] Vgl. Linder, M. / Rennhak, C., Lebensmittel-Onlinehandel in Deutschland, 2012, S. 4
[54] Wagner, W. / Wiehenbrauk, D., Cross Channel. Revolution im Lebensmittelhandel, 2014, S. 9
[55] Vgl. zur Situation in Frankreich: Colla, E. / Lapoule, P., E-Commerce: exploring the critical success factors, 2012, S. 854f.

der direkte Versand zu den Verbrauchern nach Hause in Frankreich weniger gelernt als zum Beispiel in Großbritannien, d.h. die Konsumenten sind damit weit weniger vertraut.

In allen drei Märkten sind es marktspezifische Elemente, die für die im Vergleich zu Deutschland höhere Verbreitung des Onlinekaufs von Lebensmitteln verantwortlich sind. So gilt es für die weiteren Überlegungen in dieser Arbeit, insbesondere für die Handlungsempfehlungen im Anschluss an den empirischen Teil dieser Arbeit, die Spezifikationen im deutschen Markt im Auge zu behalten.

Wenngleich Österreich und die Schweiz auf einer ähnlichen Entwicklungsstufe wie Deutschland sind, beweist doch ein Blick auf die deutschsprachigen Nachbarländer die marktindividuellen Eigenheiten. So fällt in Österreich die Dominanz von Marktführer *Billa* auf, die relativ spät und regional nur äußerst begrenzt in den Markt eingestiegen sind. Da in Österreich die Anzahl der stationären Player deutlich geringer ist, ist das anfangs zögerliche Verhalten von *Billa* bezogen auf die Anzahl Onlinekäufer von Lebensmitteln umso ausschlaggebender. Die Prognosen sind in Österreich ebenfalls sehr positiv; inzwischen experimentiert *Billa* mit Same-Day Delivery, also der Lieferung am selben Tag. Auch in der Schweiz weiten die Händler ihre Aktivitäten aus. *Migros* verfügt mit *LeShop.ch* inzwischen über einen flächendeckenden Selbstabholerservice.[56]

Generell gilt für alle beobachteten Märkte, dass Experten ein deutliches Wachstum des Onlinehandels mit Lebensmitteln vorhersagen. Wird die Situation in Deutschland mit den Vorreitermärkten Südkorea oder Großbritannien verglichen, so sind die im vorherigen Abschnitt zusammengefassten Prognosen der verschiedensten Marktforscher und Unternehmensberater als realistisch zu betrachten. Insbesondere in Deutschland ist – angesichts der Verbreitung in anderen Märkten – deutliches Potenzial vorhanden.

---

[56] Zur Entwicklung in Österreich und der Schweiz vgl. Warschun, M. / Krüger, L. / Vogelpohl, N., Online-Food-Retailing: Der Markt wächst, 2015

[3]

Theorie & Praxis: Die Verortung im Diffusionsprozeß

WIE OBEN BESCHRIEBEN IST DER Kauf von Lebensmitteln über das Internet in den verschiedenen Märkten unterschiedlich weit fortentwickelt. Im Folgenden wird der digitale Absatz von Lebensmitteln in Anlehnung an die Diffusionsforschung nach Rogers[57] als „Innovation" verstanden.[58]

Der Onlinekauf von Lebensmitteln als Innovation

Eine Innovation selbst stellt umgangssprachlich zunächst eine Neuerung dar. Die prominentesten Vertreter sind Produkteinführungen, neue Dienstleistungen oder ein neues vertriebliches Verfahren. Das bekannteste und am häufigsten angeführte Beispiel der vergangenen Jahre ist die 2007 erfolgte Einführung des *iPhone* von *Apple* als mobiles Telefon mit Internetanbindung und Touchscreen-Bedienung. Das Internet selbst ist ein weiteres Beispiel und wird mit der raschen Verbreitung ab Ende der 1990er-Jahre als grundlegende Innovation im Bereich der Kommunikationstechnologie angesehen. In dieser Arbeit wird unter Innovationen Folgendes verstanden:

„Eine Idee, Objekte oder Verfahrensweisen, also sowohl Gegenstände der materiellen wie der immateriellen Kultur, die von den Mitgliedern eines sozialen Systems als ‚neu' angesehen werden"[59].

---

[57] vgl. zu einem Überblick: Kaas, K.-P., Diffusion und Marketing, 1973, Rogers, E., Diffusion of Innovations, 2003 und Rogers, E. / Shoemaker, F., Communication of Innovations, 1971

[58] Samir Selimi lehnt seine Arbeit ebenfalls an Rogers an. Im Fokus steht dort nicht die Zielgruppe der Second Mover sondern die Treiber und Barrieren, die im Entscheidungspfad zur Übernahme der Innovation ausschlaggebend sind. Vgl. Selimi, S: The influence of hurdles and benefits on the diffusion of online grocery shopping, 2013

[59] Schenk, M., Medienwirkungsforschung, 2007, S. 405

Relevant dabei ist weiterhin, dass die Innovationen tatsächlich Verhaltensweisen nachhaltig ändern können.

Da sich der Onlinekauf von Lebensmitteln im deutschen Markt noch im Nischenstadium befindet, allen Prognosen zufolge aber den Habitus eines größeren Teiles der Bevölkerung nachhaltig beeinflussen könnte (vgl. Kapitel 2), kann von einer Innovation gesprochen werden, die in ihrem Diffusionsprozess verfolgt werden kann.

Die Phasen der Adaption von Innovationen

Die Diffusionsforschung beschäftigt sich in erster Linie mit der zeitlichen Entwicklung der Verbreitung von Innovationen in sozialen Systemen. Die Diffusion selbst bezeichnet nach Rogers den Begriff der Innovationsverbreitung:

> *„Diffusion is the process in which an innovation is communicated through certain channels over time among the members of a social system."*[60]

Damit eine Innovation übernommen werden kann, sind nach Rogers fünf Stufen notwendig: Erstens ist das Wissen über die Neuigkeit erforderlich („knowledge"), nachfolgend müssen die Adaptoren von den Vorteilen der Innovation überzeugt werden und die Chance haben, die Vorteile nachvollziehbar zu überprüfen („persuasion"). Sind diese Stufen durchlaufen, fällen die Nutzer eine positive Entscheidung („decision"), übertragen die Innovation in ihre habituellen Abläufe („implementation") und setzen die Neuigkeit dauerhaft, ggf. auch nach Unterbrechung, ein („confirmation").

Umstritten ist, ob der Prozess wirklich alle fünf Stufen durchlaufen muss, bevor von einer Adoption gesprochen werden kann. Im Kontext dieser Arbeit sollen – aufgrund der mehrfach dargestellten geringen Nutzungsrate der Onlinelieferdienste von Lebensmittelhändlern – eine erste Entscheidung und ein erstes Ausprobieren bereits als vorläufige Adaption gewertet werden.

Typen von Adoptoren im Zeitverlauf

Alle Innovationen und Diffusionskurven eint in aller Regel die ungleichmäßige Verbreitung in einem sozialen System. So zeigt der Querschnitt zahlreicher Untersuchungen, dass sich die ersten Übernehmer etwa deutlich von der großen Mehrheit der Adoptoren unterscheiden lassen.[61]

Die ersten Übernehmer werden in der Forschung als „Innovators" bezeichnet, Rogers beziffert sie auf 2,5 % der zu beobachtenden Population. Deren Charakteristika im Vergleich zu den anderen Gruppen sind nach Kaas die überdurchschnittliche Nutzung von Massenmedien, der erhöhte Kommunikationsaustausch mit Familie, Freunden und Bekannten sowie die generelle höhere Partizipation am sozialen Leben, zum Beispiel in Form von der Teilnahme an Veranstaltungen. Demografisch

---

60 Rogers, E., Diffusion of Innovations, 2003, S. 5
61 vgl. Schenk M., Medienwirkungsforschung, 2007; S. 417

sind sie jünger, verfügen in der Regel über ein höheres Bildungsniveau, einen höheren Lebensstandard und einen qualifizierteren Beruf.[62]

Im Diffusionsprozess folgen die „Early Adopters" (13,5 %), die den Innovatoren demografisch sehr ähnlich sind: Höhere Bildung, höheres Einkommen und ein hoher Anteil an der Nutzung von Massenmedien einen beide Gruppen. Einen relevanten Unterschied macht die Forschung an der Integration ins lokale soziale System fest. Während die Innovators *„eher der [...] Kategorie der ‚Cosmopolitans' zugerechnet werden können, lassen sich die frühen Adopter als ‚Locals' bezeichnen"*[63]. Bei aller Ähnlichkeit scheint es einen hinreichenden Unterschied in der Einbindung ins soziale Netzwerk zu geben. Hierauf wird bei der Unterscheidung in Innovators und Early Adopters später noch zurückgekommen (vgl. Kapitel 4).

Im weiteren Diffusionsverlauf folgt die zögerliche „Early Majority" (34 %), die die Erfahrungen der Vorgruppen erst abwartet, bevor sie die Innovation übernimmt. Wurde eine Innovation von den ersten drei Gruppen des sozialen Systems adaptiert, so hat genau die Hälfte der beobachteten Einheit die Innovation angenommen.

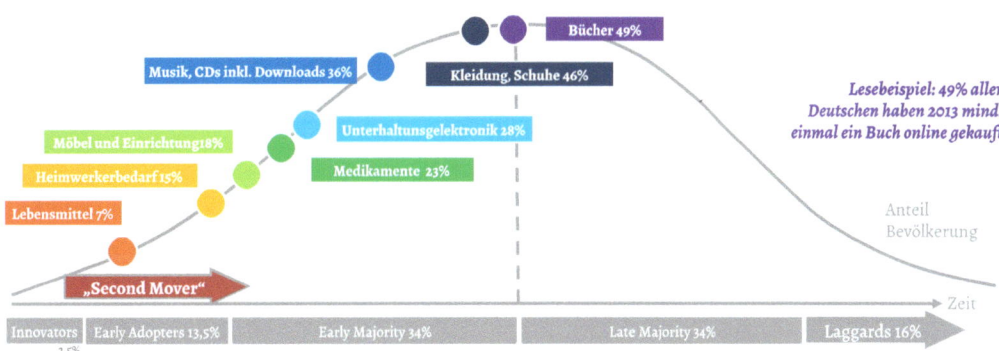

„Lebensmittel" am Anfang des Diffusionsprozesses
Das Diffusionsmodell im Schema, verschiedene Warengruppen im Vergleich

Bücher 49%
Musik, CDs inkl. Downloads 36%
Kleidung, Schuhe 46%
Möbel und Einrichtung 18%
Unterhaltungselektronik 28%
Heimwerkerbedarf 15%
Medikamente 23%
Lebensmittel 7%

Lesebeispiel: 49% aller Deutschen haben 2013 mind. einmal ein Buch online gekauft

„Second Mover"

Anteil Bevölkerung

Zeit

| Innovators 2,5% | Early Adopters 13,5% | Early Majority 34% | Late Majority 34% | Laggards 16% |

Anteil der Onlinekäufer in 2013 für den jeweiligen Bereich, basierend auf der BITKOM Erhebung 2013, umgerechnet auf die Gesamtbevölkerung (77,2% der Bevölkerung sind 2013 online – nach ARD/ZDF Online-Studie). Lebensmittel hier: alle Warengruppen, alle Einkäufsstätten.

Quelle: schematisch in Anlehnung an Rogers, eigene Darstellung. Daten: Bitkom Report 2013

ABB. 8: MODIFIZIERTES DIFFUSIONSMODELL NACH ROGERS

Beginnt die zweite Hälfte des sozialen Systems die Übernahme der Adoption, so wird diese Gruppe „Late Majority" (34 %) genannt. Diese Gruppe ist sehr skeptisch gegenüber jeglicher Art von Neuerungen und verfügt über ein deutlich geringeres Einkommen sowie einen geringeren sozioökonomischen Status. Am Ende des Diffusionsprozesses stehen die „Laggards" (16 %). Ihre Werte

---

[62] vgl. Kaas, K.-P., Diffusion und Marketing, 1973, S. 24f. und 39ff. Schon an dieser Stelle kann eine Parallele gezogen werden: im Prinzip können alle Kriterien für die deutschen „Innovators" beim Onlinekauf von Lebensmitteln nachgewiesen werden (vgl. Kapitel 2).

[63] Schenk M., Medienwirkungsforschung, 2007; S. 418

sind sehr traditionsverhaftet, in ihrer sozialen Welt gelten sie als deutlich isolierter als alle anderen Gruppen.

Werden die Typen der Adoptoren im Zeitverlauf auf den Stand des Lebensmittelhandels im Internet übertragen, so ergibt sich anhand der gegenwärtigen Reichweite in Deutschland, dass sich die Diffusion im Augenblick an der Schnittstelle zwischen den Innovators und den Early Adopters befindet. An dieser Stelle zeigt die Bitkom-Studie von 2013 deutlich, dass der Lebensmittelkauf erst von 7 % der Onlinebevölkerung in einem Jahreszeitraum getätigt wurde. Der Anteil liegt lediglich jenseits der 2,5%-Grenze von Rogers, da in dieser Definition alle Warengruppen und Einkaufsstätten enthalten sind, also auch Spezial- und Gourmetanbieter, die nicht der täglichen Bedarfsdeckung dienen.

Andere Warengruppen, vor allem Textilien und Bücher, wurden von deutlich mehr Personen gekauft und befinden sich – gemessen an der jährlichen Penetration – am Wechsel von der frühen zur späten Mehrheit (vgl. Abbildung 8). Der Vergleich zu anderen Warengruppen bietet sich speziell für den Lebensmittelmarkt an. So sieht Linder deutliche Parallelen zum Textilhandel und thematisiert die noch vor einigen Jahren vorhandenen Zweifel an der Durchsetzung des Onlinekaufs von Kleidung:

> *„Noch vor einigen Jahren erschien der Onlinehandel mit Textilien und Schuhen als wenig praktikabel, da eine Anprobe nicht möglich und der Rückversand teuer und zeitaufwändig ist. Mit der Etablierung eines kostenlosen Rückversands konnte dieses Hemmnis gelöst werden und der Onlinekauf von Bekleidung und Schuhen hat mittlerweile den zweitgrößten Anteil am Onlinemarkt."*[64]

Gilt der kostenlose Rückversand von Textilien als „Game-Changer" in dieser Branche, so ist dieser für den Lebensmittelhandel zum heutigen Zeitpunkt noch nicht deutlich.[65]

Die oben beschriebenen Erkenntnisse zur Adoption von Innovationen und zu den Merkmalen einzelner Übernahmegruppen beruhen auf verschiedenen Studien, die Produkt- oder Vertriebsneuerungen ex post analysierten. Demgegenüber wird für diese Arbeit die Annahme vertreten, dass der Onlinekauf von Lebensmitteln in Deutschland in den kommenden Jahren tatsächlich stark wachsen wird und dem typischen Verlauf des Diffusionsmodells folgen wird, so wie es in Vorreitermärkten wie Südkorea oder Großbritannien schon geschehen ist (vgl. Kapitel 2).

Im Fokus des empirischen Teils dieser Arbeit stehen die Innovators und die Second Mover, eine Gruppe, die den Early Adopters von Rogers ähnelt. Es handelt sich also um eine Einheit, die den Innovators in der Übernahme des Onlinekaufs von Lebensmitteln folgen wird.

---

[64] Linder, M. / Rennhak, C., Lebensmittel-Onlinehandel in Deutschland, 2012, S. 31
[65] Linder und Rennhack sehen den Game-Changer in den Frische- und Qualitätsansprüchen der Verbraucher, vgl. Lebensmittel-Onlinehandel in Deutschland, 2012, S. 31. Vgl. hierzu auch die Ergebnisse im empirischen Teil dieser Arbeit (Kapitel 4).

Die Rolle der Kommunikation im Diffusionsprozess

In der vorliegenden Betrachtung ist bislang noch unbehandelt, wie schnell eine Diffusion im Prozess erfolgt. Generell hängt die Dauer des Adoptionsprozesses von mehreren Faktoren ab. Hierzu zählen produktbezogene Faktoren wie die „Ausprobierbarkeit" und der „relative Vorteil", aber auch der Einsatz von Werbung in den Massenmedien.[66] All diese Punkte sind mehr oder weniger direkt an die oben beschriebenen fünf Stufen der Adoption gekoppelt.

Eine besondere Rolle im Adoptionsprozess spielt die Kommunikation. Dabei wird zwischen interpersonaler Kommunikation, also zwischen dem direkten Dialog unter Konsumenten (1:1), und der Massenkommunikation (1:n) unterschieden. Für den Diffusionsprozess ist Erstere *besonders auf der Persuasions- und Entscheidungsstufe [relevant], die Massenmedien greifen dagegen vor allem auf der Wissensstufe, setzen sie doch die Inhalte für die interpersonale Kommunikation*[67]. Das bedeutet, dass sowohl werblicher als auch redaktioneller Kommunikation in den Massenmedien ein entscheidender direkter Einfluss auf die erste Stufe „knowledge" und ein direkter Einfluss auf die Stufen „persuasion" und „decision" zuzuschreiben sind. In diesem Zusammenhang wird auch der entscheidende Unterschied gegenüber den Produktlebenszyklusmodellen[68] deutlich, bei denen nach der Wachstumsphase *„der Marktwiderstand schließlich so groß ist, dass der Umsatz stagniert und sogar zurück geht"*[69].

In Diffusionsmodellen wird hingegen die Ausbreitung über Kommunikationsprozesse zwischen verschiedenen Konsumentengruppen bzw. Adoptoren erklärt. Weiterhin wird unterschieden in kauffördernde (positive Rezensionen und Werbung) und kaufhemmende Kommunikation (Konkurrenzinnovationen und negative Rezensionen). Beide Faktoren wirken in besonderer Art und Weise auf die Geschwindigkeit des Diffusionsverlaufs. Modelle zeitlichen Eintritts der Diffusionsstufen unter Berücksichtigung kauffördernder und kaufhemmender Kommunikation werden an dieser Stelle jedoch nicht berücksichtigt, vielmehr ist die zeitliche Variable die Unbekannte, die bei der gezielten werblichen Ansprache optimiert werden soll.[70] Anders formuliert: *Je besser die Second Mover identifiziert und adressiert werden können, desto schneller wird die Diffusion voranschreiten.* Im weiteren Verlauf dieser Arbeit wird daher vor der Hintergrund der Relevanz werblicher Kommunikation für den Diffusionsprozess auf den optimalen Einsatz von Werbung in den Massenmedien eingegangen. Ausgangspunkt sind die Innovators beim Kauf von Onlinelebensmitteln sowie die Identifikation der Second Mover.

---

[66] vgl. Meffert, H. / Burmann, C. / Kirchgeorg, M., Marketing, 2015, S. 412ff.

[67] Schenk, M., Medienwirkungsforschung, 2007; S. 422

[68] Dannenberg und Franz lehnen den Onlinehandel mit Lebensmitteln als eine „Betriebsform" an die Produktlebenszyklusmodelle an, um sie mit herkömmlichen Vertriebsformen zu vergleichen. Vgl. Dannenberg, P. / Franz, M., Essen aus dem Internet, 2014

[69] Kaas, K.-P., Diffusion und Marketing, 1973, S.3

[70] Vorgehen beschrieben bei Hesse, H.-W., Kommunikation und Diffusion von Produktinnovationen im Konsumgüterbereich, 1987. und Kroeber-Riel, W., Konsumentenverhalten, 2002, S. 646f.

[4]

Lebensmittelhandel
im Internet - morgen

IM FOLGENDEN WERDEN DIE MERKMALE, die in Anlehnung an Rogers' Innovatoren im Onlinekauf von Lebensmitteln charakterisieren, identifiziert. Aus dem Vorgehen wird abgeleitet, welche Merkmale signifikant für die Innovatoren sind und welche Wahrscheinlichkeit für jedes Merkmal besteht, als „Übergangsvariable" für künftige Adoptoren zu dienen. Ziel ist es, mithilfe des angewendeten logistischen Regressionsmodells die Second Mover für den deutschen Markt zu identifizieren.

Beschreibung Vorgehen und Theorie

Die Grundlage für das Vorgehen bilden die Media- und Kaufpaneldaten der *GfK* für den deutschen Markt. Ausgehend davon werden die Panelisten, die bereits Lebensmittelkäufe bei den großen Onlinehändlern getätigt haben, analysiert. Deren Kauf wird als abhängige Variable verstanden („Lebensmittel-Onlinekäufer"), die zugrunde liegenden Personenmerkmale wie Demografien, Mediennutzung und Konsumverhalten als die unabhängigen, also erklärenden Variablen.

Hierzu wird das Instrument der logistischen Regressionsanalyse[71] angewendet. Das Regressionsmodell an sich gehört zu den populärsten statistischen Analysenmodellen in den Sozial- und Wirtschaftswissenschaften. Dabei wird eine abhängige Variable durch eine oder mehrere unabhängige Variablen erklärt. Das logistische Regressionsmodell findet immer dann Verwendung, wenn die abhängige Variable dichotomer Natur ist, d. h., dass sie mit 0 und 1 codiert werden kann. „Insbesondere in Bereichen wie der Analyse der Kreditwürdigkeit von Schuldnern (Credit-Scoring-Modelle) und des Konsumentenverhaltens (Kauf/Nichtkauf) bietet sich eine Anwendung dieses Ver-

---

[71] Zur logistischen Regressionsanalyse vgl. Backhaus, K. / Erichson, B. / Plinke, W. / Weiber, R., Multivariate Analysemethoden, 2000, S. 105ff; Kleinbaum, D., Logistic regression: a self-learning text, 1994; Kuß, A. / Wildner, R. / Kreis, H., Marktforschung, 2014, S. 265ff.; Krafft, M., Der Ansatz der logistischen Regression und seine Interpretation, 1997

fahrens an."[72] Bezogen auf die vorliegende Arbeit steht 0 für „kein Onlinekauf bei den definierten Händlern", 1 bedeutet einen in der Vergangenheit „getätigten Kauf bei Onlinehändlern". Das Modell kann dann errechnen, welche unabhängigen Variablen die Zugehörigkeit zur Gruppe der Käufer bestimmen.

In der logistischen Regression wird der Kauf als „Ereignis" gewertet. Die unabhängigen Variablen werden in mehreren Stufen („stepwise selection") auf ihre Übergangswahrscheinlichkeiten geprüft, ob bei der abhängigen Variable das Ereignis eintritt. Eine logistische Verteilung stellt sicher, dass die Vorhersagewerte für die abhängige Variable innerhalb eines Bereiches von 0 (kein Ereignis) und 1 (Ereignis) liegen. Der Schätzalgorithmus optimiert dabei die Zuordnung entsprechend der logistischen Funktion. Im Rahmen der vorliegenden Arbeiten werden auf Basis der verfügbaren Daten der *GfK* mehrere Hundert Variablen getestet. Dies geschieht in Teilmodellen für inhaltlich ähnliche Variablen (Teilmodelle für Lebensstile, Teilmodelle für Ernährungscluster, Teilmodelle für Alter, Geschlecht, Bildung etc.), die wiederum untereinander auf Unabhängigkeit (Multikollinearität) getestet werden. Aus einem finalen Regressionsmodell werden schließlich – unter Prüfung von Irrtumswahrscheinlichkeiten, Erklärungsvarianz und Modellqualität – diejenigen Variablen ermittelt, die die höchsten Übergangswahrscheinlichkeiten für die Ereignisse 0 und 1 ergeben. Es liegen dann die wichtigsten Merkmale vor, die für die Übernahme der Innovation „Onlinekauf von Lebensmitteln" treibend sind.

In Anlehnung an das Diffusionsmodell wird schließlich eine Potenzialzielgruppe definiert, also eine quantitative und qualitative Beschreibung der Second Mover. Anhand der Verteilung der Zugehörigkeitswahrscheinlichkeiten für die einzelnen unabhängigen Variablen wird für jeden Merkmalsträger in der Grundgesamtheit ein Gesamtwahrscheinlichkeitswert generiert. Dieser dient in im Anschluss der Bildung der Potenzialzielgruppe „Second Mover", die schließlich im weiteren Verlauf dieser Arbeit als Grundlage für die Empfehlung der Mediaplanung genutzt wird.

Verwendete Daten

Im Rahmen dieser Arbeit wird auf passiv erhobene Daten des Marktforschungsunternehmens *GfK* zurückgegriffen. Sowohl Kauf- als auch Mediadaten werden mittels elektronischer Erfassung seit vielen Jahren automatisch erhoben und liegen in hohen Fallzahlen repräsentativ sowohl für die deutsche Gesamtbevölkerung als auch für die deutsche Onlinepopulation vor.

GfK Consumer Scan – das Haushaltspanel der GfK

Die *GfK* betreibt in Deutschland mehrere Panels, in denen mehrere Tausend Haushalte ihre Einkäufe an die GfK berichten. Das bekannteste Panel ist das *GfK Consumer Scan*, in dem etwa 30.000 Haushalte über die Käufe der Güter des täglichen Bedarfs Auskunft geben. Mittels eines Home-Scanners werden alle mit einem EAN-Code versehenen Produkte elektronisch erfasst, Produkte ohne entsprechende Kennung (z. B. Frischewaren) werden mithilfe eines Codebuches ebenfalls regis-

---

[72] Krafft, M., Der Ansatz der logistischen Regression und seine Interpretation, 1997, S. 639

triert. Weiterhin erfolgt eine Angabe über die Einkaufszeit, die gewählte Einkaufsstätte (unterteilt in Offline- und Onlineeinkaufsstätten) sowie die Ausgaben. Alle Panelmitglieder geben in einer Stammbefragung Informationen über demografische Angaben, aber auch zu Einstellungen und Lebensstilen. Es handelt sich dabei um das größte Haushaltspanel in Deutschland, auf das zahlreiche Konsumgüterhersteller regelmäßig zugreifen.[73]

Die Kaufdaten und die soziodemografischen Informationen werden im beschriebenen logistischen Regressionsmodell als unabhängige Variablen genutzt, d. h., dass die Eigenschaft „Onlinekäufer von Lebensmitteln" über Merkmale, die die Käufer an sich beschreiben (Alter, Geschlecht, Wohnort, Mobilität, Lebensstil u. a.), sowie über ihre individuellen Einstellungen und ihr Mediennutzungsverhalten erklärt werden kann.

GfK Crossmedia Link – das Mediapanel der GfK

2008 wurde in die im vorherigen Kapitel beschriebenen Haushaltspanels eine Messung der Onlineaktivitäten der Haushaltsmitglieder integriert. Eine Teilstichprobe von etwa 19.000 Personen ist mit der Softwaretechnologie *LeoTrace* ausgestattet, die unter anderem alle aufgerufenen URLs auf Desktop- und Laptopcomputern der Panelisten aufzeichnet. Das Besondere ist neben der Schnittmenge mit dem tatsächlichen Kaufverhalten, dass alle Daten personenindividuell vorliegen: Jeder Panelist muss sich vor dem Surfvorgang anmelden, d. h., die Nutzung jeder Webseite wie auch jeder Werbekontakt kann individuell einer Person zugeordnet werden. Damit kann eine Client/User-Problematik wie etwa bei der Cookie-Messung ausgeschlossen werden.[74] Das unter dem Namen *GfK Crossmedia Link* vermarktete Panel ist sukzessive um Komponenten erweitert worden. Inzwischen gibt es im „Single-Source-Ansatz"[75] eine TV-Messung zur Erfassung von Werbekontakten (seit 2010) und auch eine Messung von mobilen Endgeräten (seit 2013). Weiterhin liegen auf befragter Basis auch Daten zur Nutzung von Printtiteln wie Tageszeitungen und Magazinen vor. Bis 2014 war der Ansatz unter dem Namen *GfK Media Efficiency Panel* (kurz: *MEP*) bekannt. Die *GfK* hat nach eigenen Angaben in den vergangenen Jahren zahlreiche Studien für verschiedenste Unternehmen durchgeführt.[76]

Die Daten aus dem GfK Crossmedia Link Panel werden für die Definition des Kaufs im Internet genutzt, d. h., die abhängige Variable „Onlineshopper" wird definiert. Die erfasste Mediennutzung im GfK Crossmedia Link dient auch zur Generierung einer Mediaempfehlung im letzten Hauptkapitel dieser Arbeit. So wird das passiv gemessene Mediaverhalten in den Kanälen TV, Print, Online und Mobile der identifizierten Potenzialzielgruppe als Schlüssel zur direkten Kommunikationsempfehlung genutzt.

---

[73] vgl. http://www.gfk.com/de/loesungen/verbraucherpanels/Seiten/default.aspx zuletzt abgerufen am <02.05.2015>

[74] vgl. zu dieser Problematik und zur Fehlerbereinigung bei der Cookie Messung beispielhaft das Vorgehen der ag.ma: https://www.agma-mmc.de/media-analyse/online/datenaufbereitung/datensatz-i.html zuletzt abgerufen am <02.05.2015>

[75] zu Single-Source-Forschung vgl. Unger, F. / Fuchs, W. / Michel, B., Mediaplanung, 2013, S. 51f.

[76] vgl. http://www.gfk.com/de/loesungen/verbraucherpanels/Seiten/media-efficiency-panel.aspx zuletzt abgerufen am <02.05.2015>

Empirische Analyse

Formulierung des Regressionsmodells - Die abhängige Variable: der Kauf

Wie bereits mehrfach beschrieben ist der Kauf von Lebensmitteln im Internet in Deutschland nach wie vor ein Nischenphänomen. Im empirischen Teil dieser Analyse ist hierbei von den Onlinelebensmittelhändlern und deren Käufern im engeren Sinne die Rede. Hintergrund dieser Überlegung ist, dass beispielsweise Käufer von Kaffeeprodukten bei *Amazon* per Definition als Onlineshopper für die Branche gelten, nicht aber zwingend als First Mover im Sinne des diskutierten regelmäßigen Käufers von Lebensmitteln im Internet zu zählen sind. Die Branche wartet auf den Durchbruch bei regelmäßigen Kaufakten, die einen Großteil des täglichen Bedarfs decken, also bei der Grundversorgung, inklusive Frischewaren. Daher wurden in dieser Analyse nur diejenigen Anbieter berücksichtigt, die im vierten Quartal 2014 über ein Angebot an Lebensmitteln inklusive Frischesortiment verfügten (vgl. Kapitel 2). Somit kann im weiteren Verlauf der Arbeit eine Aussage über die tatsächliche Diffusion des Onlinehandels von Lebensmitteln analysiert werden. Zweites Kriterium war eine ausreichende Nettoreichweite[77] der Angebote (mind. 1 %), um im GfK Crossmedia Link Panel mit 19.000 Panelisten eine – bezogen auf die Fallzahlen – hinreichende Aussage treffen zu können. Auf Basis dieser Konventionen konnten für sechs Anbieter insgesamt 189 Käufer im Neunmonatszeitraum Juli 2014 bis März 2015 identifiziert werden. Darunter befanden sich zwei Ableger klassischer Lebensmitteleinzelhändler (*Rewe, Edeka*) und vier Anbieter, deren Marken nur online bekannt sind (*Allyouneed, Lebensmittel.de, MyTime, Bringmeister*).

Die Käufer wurden mittels eindeutiger Kauf-URLs erkannt, die im GfK Crossmedia Link aufgezeichnet werden (vgl. hierzu Tabelle 11 in Anhang A). Neben der eigentlichen URL wird über diese Technologie auch der Kaufzeitpunkt übermittelt sowie welche Person im Haushalt den Kauf getätigt hat. Eine Information über die gekauften Produkte kann auf diese Weise jedoch nicht aufgezeichnet werden.[78]

Hochgerechnet auf die deutsche Internetbevölkerung sind damit 1.044.409 Personen als Onlinekäufer von Onlinesupermärkten definiert; das entspricht 2,2 % der deutschen Onliner (im Neunmonatszeitraum).[79] Der Anteil der Käufer bei den definierten Anbietern bewegt sich damit im erwarteten Rahmen (vgl. Kapitel 2).

Im Folgenden wird diese Gruppe als „Lebensmittel-Onlineshopper" bezeichnet. Im Vergleich zur Internetgesamtnutzerschaft fällt auf, dass es sich überproportional um 30- bis 59-Jährige handelt mit einem etwas höheren Pro-Kopf-Nettoeinkommen. Zu größeren Anteilen kommen die Lebens-

---

[77] Unter einer Nettoreichweite wird der Anteil einer Personengruppe verstanden, der das auszuweisende Medium in einem definierten Zeitraum mindestens einmal aufgerufen bzw. gesehen hat. Vgl. hierzu Unger, F. / Fuchs, W. / Michel, B., Mediaplanung, 2013, S. 32

[78] Hintergrund: Diese Transaktionen finden im gesicherten „https"-Bereich statt. Um den Warenkorb zu identifizieren, müsste der HTML-Quelltext der Seite ausgelesen werden. Unter anderem auch aus Datenschutzgründen wird für die Erfassung der Käufe auf die Erhebung im *GfK Consumer Panel* zurück gegriffen.

[79] Die Grundgesamtheit bildet die deutsche Internet-Bevölkerung ab 18 Jahren. Das entspricht – bedingt durch die von der *GfK* verwendeten Vorgaben der Media-Analyse MA für 2014 – 47,172 Mio. Personen.

mittel-Onlineshopper aus Singlehaushalten, insbesondere von Großstädten (bedingt unter anderem durch die bessere Verfügbarkeit der Anbieter in Ballungszentren). Werden die Familienlebenswelten analysiert, eine Typologie, in der sowohl nach Familienstatus als auch nach Schichtzugehörigkeit unterschieden wird, so zeigt sich, dass die ermittelten Käufer überproportional bei den Klassen „Alleinstehende Ältere", „Berufstätige Alleinlebende", „Aufsteiger/Singles/DINKS" und „Studierende/Auszubildende" vertreten sind. Hingegen sind Arbeiter- und Mittelschichtfamilien deutlich weniger vertreten (vgl. Tabelle 12 in Anhang B).

Diese Gruppe, die sich in den wesentlichen Punkten sowohl mit den gängigen Studien zu Onlinekäufern von Lebensmitteln (vgl. Kapitel 2) als auch mit Rogers' Innovatoren und Early Adopters (vgl. Kapitel 3) deckt, dient nachfolgend als Ausgangspunkt der empirischen Analyse.

Formulierung des Regressionsmodells - Die unabhängigen Variablen: Soziodemografie und Einstellungen

In der Summe liegen 480 Variablen für die logistische Regressionsanalyse vor. Es handelt sich dabei um Merkmale, die die *GfK* bei ihren Panelisten standardmäßig befragt, um Stamminformationen zur Verfügung zu haben. Datenbasis sind 9.424 Panelisten, für die alle beschriebenen Variablen vorliegen. Das sind soziodemografische Merkmale, Einstellungsmerkmale (wie Freizeitaktivitäten, Kaufgewohnheiten oder Ernährungstypen) und Angaben zum Mediennutzungsverhalten. Ziel der Modellierung ist es, die maximal 15–20 unabhängige Variablen zu identifizieren, die die „Lebensmittel-Onlineshopper" am besten beschreiben.

Unter den 480 Merkmalen, die dafür insgesamt vorliegen, gibt es Variablen, die sehr stark miteinander zusammenhängen. So korreliert beispielsweise die Ausprägung „regelmäßig Sport machen" äußerst stark mit der Ausprägung „regelmäßig ins Fitnessstudio gehen". Weiterhin existieren Merkmale, die aus mehreren Variablen erstellt werden. Dazu gehören zum Beispiel die oben erwähnten „Familienlebenswelten", die sich aus Familienstatus, Einkommen und Bildung zusammensetzen. Die Vorgabe jeglicher Regressionsanalyse ist jedoch, dass unabhängige Variablen untereinander nicht hoch korrelieren dürfen. *„Im Extremfall könnte es ansonsten sein, dass sich eine (unabhängige) Variable als Linearkombination aus anderen unabhängigen Variablen darstellen lässt (perfekte Multikollinearität)."*[80] Beide Faktoren (korrelierende Variablen und Merkmale, die aus mehreren Variablen gebildet werden) sprechen für eine schrittweise Auswahl der entscheidenden unabhängigen Variablen, die die „Lebensmittel-Onlineshopper" am besten identifizieren.

Das logistische Regressionsmodell wird also mittels Teilmodellen aus 480 Variablen diejenigen identifizieren, die das abhängige Merkmal „Lebensmittel-Onlineshopper" am besten identifizieren – oder anders ausgedrückt: die Auswahl der Variablen mit der höchsten Übergangswahrscheinlichkeit, den Onlinekauf bei *Rewe*, *Bringmeister* und Co. zu determinieren.

---

80 Kuß, A. / Wildner, R. / Kreis, H., Marktforschung, 2014, S. 256

Schätzung der Parameter und Überprüfung des Regressionsmodells

Die aus dem GfK Consumer Panel zur Verfügung stehenden 480 Variablen wurden in 29 thematische Gruppen aufgeteilt. Für jede Gruppe wurde ein erster Test auf Multikollinearität durchgeführt, d. h., bei hoch korrelierenden Variablenpaaren (Pearsons > 0,4 oder < −0,4) wurde eine der beiden Variablen entfernt, um Multikollinearität zu vermeiden. Im zweiten Schritt wurde für jede dieser Gruppen eine eigene logistische Regressionsanalyse in mehreren Stufen durchgeführt („Teilmodellierungen"). Variablen, die sich über den kompletten Prozess in den thematischen 29 Untergruppen als stabil erwiesen, qualifizierten sich für das finale Modell.

Unter den gegebenen Bedingungen konnten sich 34 unabhängige Variablen für das finale Modell qualifizieren. Ein erneuter Korrelationscheck sowie weitere iterative Modellanwendungen führten zu einem Endergebnis von 15 Variablen, die die Käufer von Onlinelebensmitteln am besten beschreiben. Für die statistische Qualität wird bei der logistischen Regression insbesondere das Pseudobestimmtheitsmaß von Nagelkerke angewendet, für das in der vorliegenden Analyse ein Wert von 0,312 ausgegeben wurde. Es kann somit die Aussage getroffen werden, dass durch das finale Modell 31 % der Variabilität in der abhängigen Variable erklärt werden.[81]

Merkmal Daten: eigene Berechnung, GfK Consumer Scan 2015	Zusammenhang	Wald	df	Sig.	Exp(B)
Häufigkeit Onlineshopping (z.B. Bücher, CDs)	Positiv	56,920	1	,000	,632
Familienlebenswelten, Ausprägungen Alleinstehende, DINKS, Studierende u. a. (aggregierte Einstellungsdimension)	Positiv	38,334	13	,000	
Innovationsneigung (aggregierte Einstellungsdimension)	Positiv	25,489	1	,000	1,449
„In meiner Freizeit lese ich gerne Zeitschriften"	Negativ	20,702	1	,000	,775
„In meiner Freizeit gehe ich Vereinsaktivitäten nach"	Negativ	19,470	1	,000	,771
„In meinem Haushalt werden heute viel weniger umweltschädliche Produkte verwendet als früher"	Negativ	15,786	1	,000	,773
„Ich esse heute mehr Süßwaren als noch vor ein paar Jahren"	Positiv	12,747	1	,000	1,217
„In meiner Freizeit bin ich am liebsten mit dem Fahrrad unterwegs"	Negativ	12,018	1	,001	,828
Hohe Angaben für „Wie viele Stunden pro Woche nutzen Sie persönlich zuhause das Internet in etwa?"	Positiv	11,944	1	,001	,826
„Ich fühle mich durch Werbung angesprochen"	Positiv	11,090	1	,001	1,226
„Wir ernähren uns vegetarisch (ohne Fleisch und Wurst)"	Positiv	10,963	1	,001	1,219
„Ich kaufe gerne Bioprodukte"	Positiv	9,392	1	,002	1,180
„Für den Umweltschutz muss man persönlich auch erhebliche Einschränkungen hinnehmen"	Positiv	8,979	1	,003	1,226
„Meine wirtschaftliche Lage hat sich verbessert" (im Vergleich zum Vorjahr)	Positiv	7,859	1	,005	,748

TAB. 3: PARAMETERSCHÄTZER IM FINALEN REGRESSIONSMODELL

---

81 In der Fachliteratur werden die folgenden Werte als Richtwerte angegeben (vgl. Backhaus, K. / Erichson, B. / Plinke, W. / Weiber, R., Multivariate Analysemethoden, 2000, S. 135): akzeptabel für Werte > 0,2; gut für Werte > 0,4; sehr gut für Werte > 0,5. Der nach Lehrbuch „nur" akzeptable Wert ist darauf zurückzuführen, dass 480 Merkmale mit insgesamt mehreren tausend Ausprägungen auf eine Gruppe von 189 Personen getestet wurden und eine Verdichtung auf 15 Merkmale vorgenommen wurde. In den Modellen der Lehrbücher ist für eine geringe Anzahl an beobachteten Fällen sehr selten eine so umfangreiche Variablenverdichtung berücksichtigt, weil eine solche Datenmenge schlichtweg selten vorhanden ist. Vor diesem Hintergrund ist das Ergebnis nach Nagelkerke als äußerst gut zu bewerten.

In Tabelle 3 sind die 15 Variablen aufgezählt, die Käufer von Lebensmitteln im Internet am besten beschreiben. Die Reihenfolge der Stärke wird durch den Wald-Test (Spalte 3) beschrieben. Für die Variable „Innovationsneigung" sind beispielsweise der W-Wert von 25,489 und eine Signifikanz 0,000 angeben. Mit einer Wahrscheinlichkeit von 100 % kann die Nullhypothese verworfen werden, dass die Innovationsneigung keinen Einfluss auf den Onlinekauf von Lebensmitteln hat. Das Maß nach Wald eignet sich zur Ordnung der Variablen nach ihrer Wichtigkeit, nicht jedoch zur Abschätzung der Abstände zwischen den Variablen:

> *„Da die zugrunde liegende logistische Funktion nicht linear ist, lässt sich die Größe des Einflusses nicht interpretieren, etwa derart, dass eine Veränderung der unabhängigen Variable um eine Einheit die abhängige Variable entsprechend dem Regressionskoeffizienten verändert."*[82]

In Spalte 6 zeigen sich die Wirkungsrichtung und die Wirkungsstärke der Variablen („odd ratios"). Der Wert von 1,449 für die Innovationsneigung besagt, dass es einen positiven Zusammenhang gibt (da es teilweise negative Codierungen gibt, sind in Spalte 2 die „übersetzten" Zusammenhänge eingefügt).

Zusammenfassung und Interpretation der Parameter

Es ist kaum überraschend in der Ausgabe der Schätzparameter, dass eine gewisse Affinität zum Onlineshopping (Wald-Wert 56,920) ein wesentlicher Treiber dafür ist, ob jemand auch Lebensmittel im Internet bestellt. Ebenso sind die beiden aggregierten Einstellungsmerkmale Familienlebenswelten[83] (Wald-Wert 38,334) und Innovationsneigung (Wald-Wert 25,489) Regressoren mit sehr hoher Stärke.

Die Übergangswahrscheinlichkeit wird weiterhin durch eine hohe Internetnutzung gekennzeichnet, wohingegen die Affinität zum Lesen von Zeitschriften, zumindest als Freizeitbeschäftigung, deutlich geringer ausgeprägt ist. Als weiterer Regressor aus dem Bereich der Mediennutzung hat sich das Statement „Ich fühle mich durch Werbung angesprochen" mit einem positiven Zusammenhang über alle Teilmodelle hinweg als stabil erwiesen.

Etwas widersprüchlich ist die Zustimmung zu Dimensionen der Nachhaltigkeit und dem Bewusstsein für Umwelt und Ernährung, zum anderen aber auch deren Ablehnung. So sind die positiv korrelierenden Äußerungen „Wir ernähren uns vegetarisch (ohne Fleisch und Wurst)", „Ich kaufe gerne Bioprodukte" und „Für den Umweltschutz muss man persönlich auch erhebliche Einschränkungen hinnehmen" Kriterien, die im Widerspruch stehen zu „In meinem Haushalt werden heute viel weniger umweltschädliche Produkte verwendet als früher" und „In meiner Freizeit bin ich am liebsten mit dem Fahrrad unterwegs".

---

[82] Kuß, A. / Wildner, R. / Kreis, H., Marktforschung, 2014, S. 267

[83] Die Familienlebenswelten sind die einzige Variable, die nicht mindestens ordinal skaliert ist, daher kann kein gesamtes Odd Ratio ausgewiesen werden. Dafür konnten dies die Einzelausprägungen Odd Rations durchgeführt werden. Die höchste Signifikanz zeigt dabei die Ausprägung „Aufsteiger, Singles, DINKS".

Werden die Familienlebenswelten noch einmal herangezogen, so zeigt sich eine Erklärung. Die Zielgruppe der Lebensmittel-Onlinekäufer zählt überproportional zu den berufstätigen Singles und Paaren mit doppeltem Einkommen, aber ohne Kinder. Der Faktor Zeit spielt bei dieser Personengruppe die entscheidende Rolle; es ist anzunehmen, dass eine zunehmende Zeitknappheit mit der Entwicklung der individuellen Karrierelebensläufe einhergeht („Meine wirtschaftliche Lage hat sich verbessert – im Vergleich zum Vorjahr"). In der Freizeit ist damit weder für Beschäftigungen wie Fahrradfahren oder Vereinsaktivitäten noch für entspannende Aktivitäten wie Zeitunglesen genügend Zeit – alle drei Faktoren haben einen negativen Einfluss auf die Übergangswahrscheinlichkeit zum Onlinekauf von Lebensmitteln.

Die Determinanten für die Early Adopter

Positive Korrelation

Häufigkeit Onlineshopping Non Food   intensive Internetnutzung
DINKS / berufstätige Singles   wirtschaftlich verbesserte Lage
Innovationsneigung   Konsum von Süßwaren   vegetarische Ernährung
Kauf von Bioprodukten   persönliche Zugeständnisse für den Umweltschutz

Vereinsaktivitäten   Fahrradfahren in der Freizeit
weniger umweltschädliche Produkte im Haushalt als früher
Zeitungen lesen (Freizeit)

Negative Korrelation

Quelle: eigene Darstellung, auf Basis der logistischen Regressionsanalyse

ABB. 9: ZUSAMMENFASSUNG DER ERGEBNISSE DER SCHÄTZPARAMETER

Auffällig ist, dass die beiden Stamm-Soziodemografien Alter und Geschlecht sich beide nicht unter den Determinanten befinden. Beide Merkmale sind bereits im ersten Teilmodell innerhalb des thematischen Bereichs „Soziodemografie" aufgrund von hoher Insignifikanz aus dem iterativen Prozess entfernt worden.

Die Modellanwendung auf die Potenzialzielgruppe „Second Mover"

Für die Gesamtheit aller *GfK*-Panelisten kann nun ausgesagt werden, wie wahrscheinlich die Zugehörigkeit zur Gruppe der Personen mit den oben ausgewählten Merkmalen ist. Für jeden einzelnen Fall („Panelist") wird ein Wert zwischen 0 (0 % Zugehörigkeitswahrscheinlichkeit und 1 (100 % Zugehörigkeitswahrscheinlichkeit) ermittelt. Grundlage bilden alle 15 Regressoren und deren Einflussstärken für die Zugehörigkeit zur Gruppe der Käufer von Lebensmitteln im Internet.

Anhand der Maße Mittelwert und Standardabweichung können – neben den bereits ermittelten Käufern von Lebensmittel im Internet – vier Gruppen definiert werden (vgl. Abbildung 10). Die Gruppe mit dem höchsten Potenzial wird als „Second Mover" definiert. Weiterhin werden zwei Nachfolgegruppen definiert sowie eine Gruppe, der vorerst kein Potenzial zugesprochen werden kann, da sie die geringsten Übergangswahrscheinlichkeitswerte aufweist.

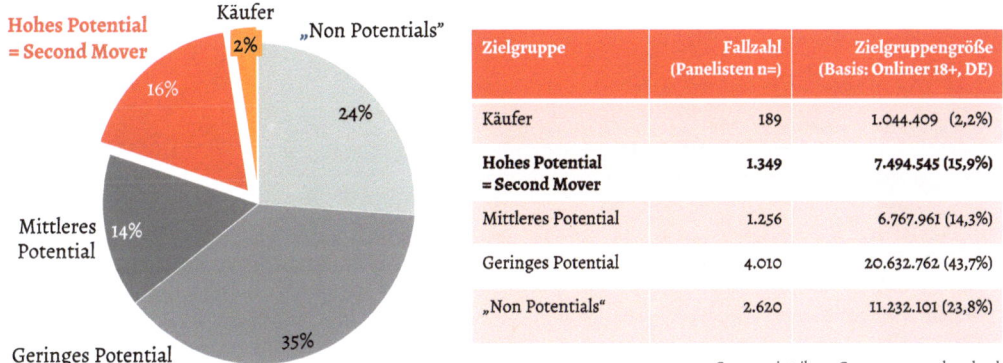

7,5 Millionen Deutsche sind potentielle Second Mover
Gruppeneinteilungen nach Zugehörigkeitswahrscheinlichkeiten

Zielgruppe	Fallzahl (Panelisten n=)	Zielgruppengröße (Basis: Onliner 18+, DE)
Käufer	189	1.044.409 (2,2%)
Hohes Potential = Second Mover	1.349	7.494.545 (15,9%)
Mittleres Potential	1.256	6.767.961 (14,3%)
Geringes Potential	4.010	20.632.762 (43,7%)
„Non Potentials"	2.620	11.232.101 (23,8%)

Gruppeneinteilung: Grenzen vorgegeben durch Mittelwert und ⊢ ½ Standardabweichung

Daten: GfK Consumer Scan, Basis: Internetnutzer ab 18 Jahren
Quelle: eigene Darstellung und Berechnung, auf Basis der logistischen Regressionsanalyse

ABB. 10: GRUPPENEINTEILUNG NACH ZUGEHÖRIGKEITSWAHRSCHEINLICHKEITEN

Die Einteilung nach Mittelwert und Standardabweichung eignet sich nicht zuletzt auch deswegen, da die ermittelten Gruppengrößen vergleichbar mit den Adoptorentypen nach Rogers sind (vgl. Kapitel 3). Die Gruppen bilden nun die Ausgangslage sowohl für die Beschreibung der Second Mover an sich als auch für deren Mediennutzung im abschließenden Teil dieser Arbeit.

Die Second Mover

Soziodemografie: Wer sind die Second Mover?

Mithilfe der logistischen Regression aus 480 Variablen konnten 15,9 % der deutschen Onlinebevölkerung als Second Mover für den Kauf von Lebensmitteln im Internet definiert werden. Es handelt sich dabei um etwa 7,5 Millionen Deutsche. Zur Beschreibung dieser Gruppe eignet sich der Vergleich zu den bisherigen Käufern und zu den „Non-Potentials".

Die ermittelten Second Mover sind zu gleichen Anteilen Frauen und Männer, jedoch deutlich jünger als die Mitglieder der anderen beobachteten Gruppen (vgl. Abbildung 11). Insbesondere im Vergleich zu den „Non-Potentials" fällt das höhere Bildungsniveau auf; 27 % aller Second Mover verfügen über einen Hochschulabschluss. Auffällig ist weiterhin der überproportionale Anteil an Studierenden in dieser Gruppe, also Personen, die einen Hochschulabschluss in den nächsten Jahren erreichen werden.

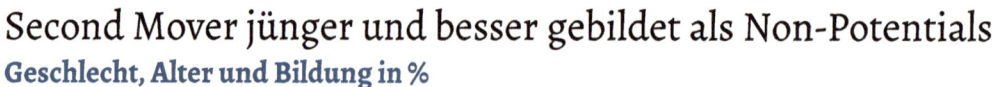

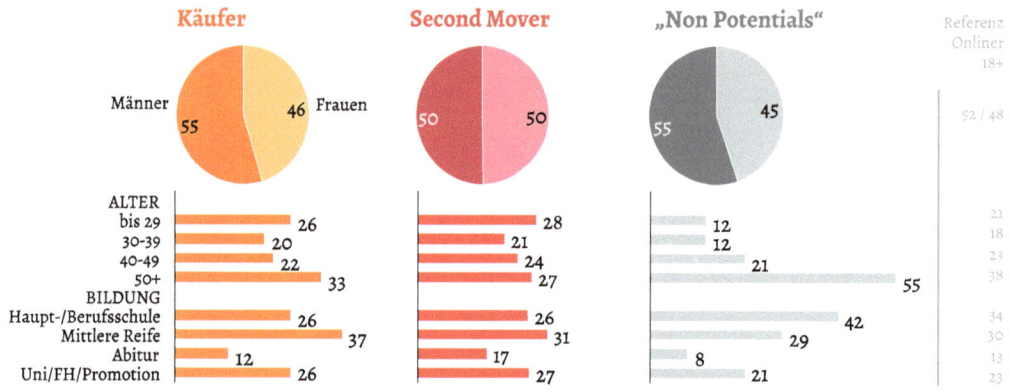

Daten: GfK Consumer Scan, Basis: Internetnutzer ab 18 Jahren
Quelle: eigene Darstellung und Berechnung, auf Basis der logistischen Regressionsanalyse

ABB. 11: SOZIODEMOGRAFIE DER SECOND MOVER IM VERGLEICH

Die Second Mover wohnen zu sehr hohen Anteilen in Einpersonenhaushalten in Großstädten ab 300.000 Einwohnern[84]. Eine regionale Ausdifferenzierung innerhalb Deutschlands zeigt nur ein leichtes Plus unter den Personen aus den Bundesländern Rheinland-Pfalz und Nordrhein-Westfalen. Demgegenüber finden sich die Non-Potentials etwas überdurchschnittlich in den nordöstlichen Bundesländern Mecklenburg-Vorpommern und Brandenburg.

Während sich die Verteilung beim Pro-Kopf-Nettoeinkommen der Second Mover nicht signifikant von der Internetgesamtbevölkerung unterscheidet, weist die Potenzialzielgruppe einen deutlich höheren Anteil an alleinstehenden jüngeren wie älteren Berufstätigen auf.

Werte, Kaufverhalten und Innovationsneigung der Second Mover

Korrespondierend zu den Erkenntnissen aus dem demografischen Vergleich grenzen sich die Second Mover auch in den untersuchten Einstellungsmerkmalen deutlich von den anderen Gruppen ab. Insgesamt sind die Second Mover – aufgrund der Logik der Regressionsanalyse ähnlich wie die bereits identifizierten Käufer – deutlich offener und innovationsfreudiger. Sie probieren gerne neue Produkte aus und geben an, diese häufig früher zu besitzen als ihr Freundes- und Bekanntenkreis (vgl. Abbildung 12).

---

[84] An dieser Stelle soll daran erinnert werden, dass sich die Prognose auf das bisherige Kaufverhalten bezieht und die Lieferdienste wie oben dargestellt in den Großstädten deutlich besser verfügbar sind. Da die Services erst Stück für Stück ausgebaut werden, kann dieser Faktor jedoch als hilfreich für die Zielgruppendefinition der Second Mover gehandhabt werden.

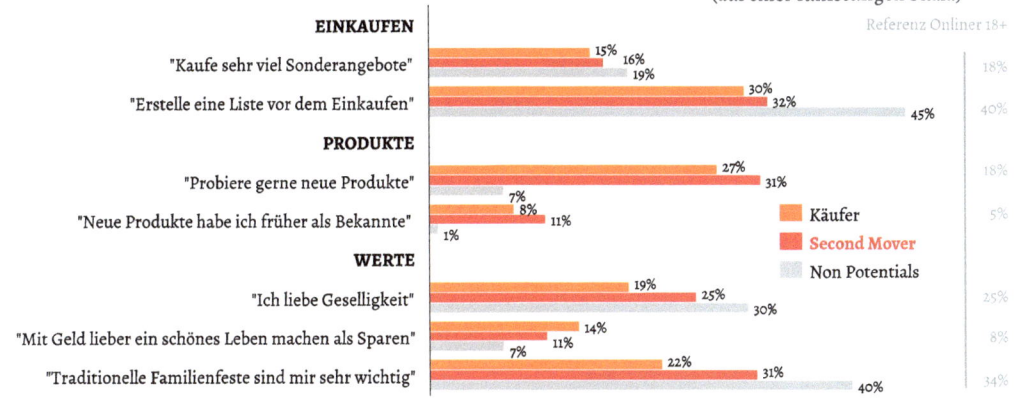

Second Mover mit deutlichem Einstellungsprofil
Ausgewählte Einstellungsmerkmale, Antwort „Stimme voll und ganz zu", in %
(auf einer fünfstufigen Skala)

Referenz Onliner 18+

EINKAUFEN

"Kaufe sehr viel Sonderangebote" — 15% / 16% / 19% / 18%

"Erstelle eine Liste vor dem Einkaufen" — 30% / 32% / 45% / 40%

PRODUKTE

"Probiere gerne neue Produkte" — 27% / 31% / 7% / 18%

"Neue Produkte habe ich früher als Bekannte" — 8% / 11% / 1% / 5%

WERTE

"Ich liebe Geselligkeit" — 19% / 25% / 30% / 25%

"Mit Geld lieber ein schönes Leben machen als Sparen" — 14% / 11% / 7% / 8%

"Traditionelle Familienfeste sind mir sehr wichtig" — 22% / 31% / 40% / 34%

Käufer
Second Mover
Non Potentials

Daten: GfK Consumer Scan, Basis: Internetnutzer ab 18 Jahren
Quelle: eigene Darstellung und Berechnung, auf Basis der logistischen Regressionsanalyse

ABB.12: AUSGEWÄHLTE EINSTELLUNGSMERKMALE DER SECOND MOVER IM VERGLEICH

Second Mover sind weniger preisbewusst als die Gesamtnutzerschaft und haben eine höhere Neigung zu Premiummarken und zu Spontankäufen. Sie haben weiterhin einen deutlich höheren Qualitätsanspruch an Lebensmittel.

Insgesamt sind auch deutliche Unterschiede in den Werten der beobachteten Gruppen zu sehen. Während die „Non-Potentials" ein konservatives Wertebild pflegen (traditionelle Familienfeste sind wichtig, Bevorzugung von Hausmannskost) sind Käufer und Second Mover deutlich liberaler geprägt. So sind durchgängig höhere Zustimmungen zu Merkmalen wie „Ich achte auf Nachhaltigkeitssiegel", „Ich verreise gerne" oder „Es ist mir wichtig, mich modisch zu geben" zu beobachten. Die identifizierte Profilierungsgruppe zeichnet außerdem eine hohe Risikobereitschaft bei hohem Konsumbewusstsein aus („Ich genieße das Leben in vollen Zügen" und „Mit meinem Geld lieber ein schönes Leben machen als sparen").

Akzeptanz von Werbung und genutzte Medien der Second Mover

Weiterhin wurden die identifizierten Gruppen auf ihre Einstellungen zu werblichen Maßnahmen und den genutzten Medien analysiert. Dabei zeigt sich, dass gerade die Second Mover eine für werbliche Kommunikation deutlich offenere Gruppe darstellen als zum Beispiel die „Non-Potentials" (vgl. Abbildung 13).

Second Mover mit relativer Offenheit zu Werbung
Statements zu Werbung, Zustimmung Top 2 Boxes, in % (auf einer fünfstufigen Skala)

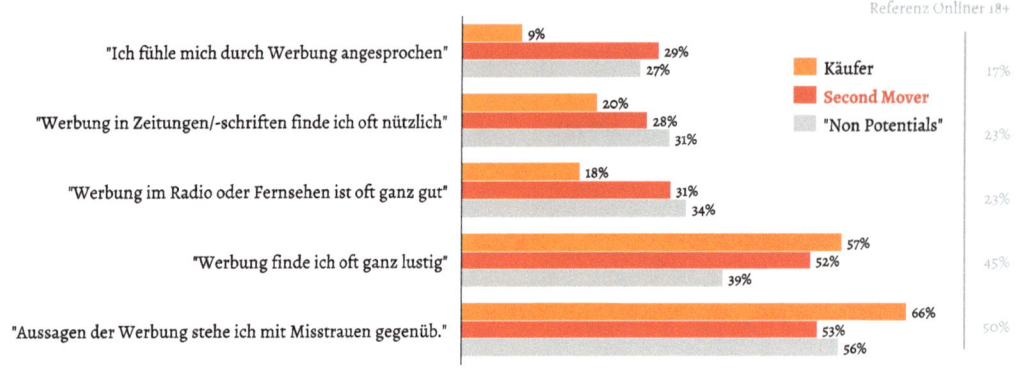

Daten: GfK Consumer Scan, Basis: Internetnutzer ab 18 Jahren
Quelle: eigene Darstellung und Berechnung, auf Basis der logistischen Regressionsanalyse

ABB. 13: STATEMENTS ZUR WERBUNG DER SECOND MOVER IM VERGLEICH

Über alle analysierten Werbestatements sind die Second Mover diejenige Zielgruppe mit den höchsten Akzeptanzwerten. Eine Ausnahme bildet lediglich das Statement „Werbung finde ich oft ganz lustig", das von den Käufern noch positiver bewertet wird. Aus der Perspektive der Anbieter von Onlinelebensmitteln im Internet ist dies eine äußerst interessante Erkenntnis. Die in dieser Arbeit identifizierten künftigen Käufer sind demnach äußerst offen für werbliche Maßnahmen.

Käufer & Second Mover affin zu Onlinekanälen
Mediennutzung von Käufern, Second Mover und „Non Potentials" im Vergleich

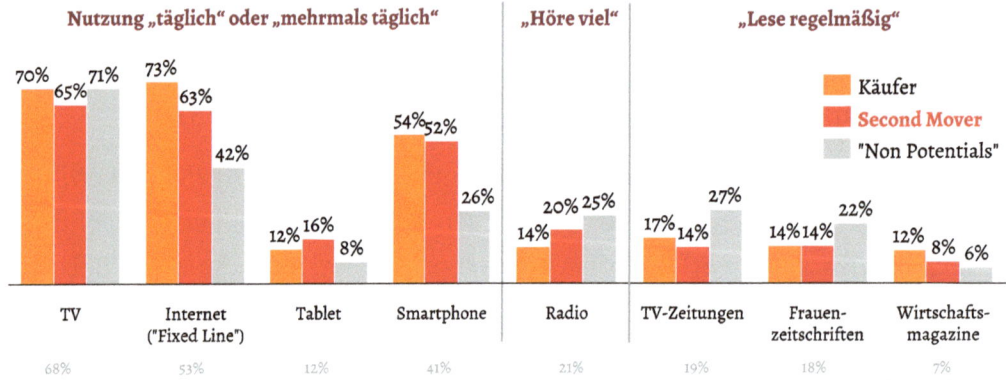

Daten: GfK Consumer Scan, Basis: Internetnutzer ab 18 Jahren
Quelle: eigene Darstellung und Berechnung, auf Basis der logistischen Regressionsanalyse

ABB. 14: GENUTZTE MEDIAKANÄLE DER SECOND MOVER IM VERGLEICH

Als abschließende Ergänzung wurden die drei Gruppen auf die Nutzung verschiedener Medien analysiert. So können bereits erste Gedanken zu werblichen Ansprachen für die Zielgruppe der Second Mover erstellt werden. In Abbildung 14 zeigt sich, dass die „Non-Potentials" häufiger klassische Medien wie TV, Radio oder Print (bezogen auf TV- und Frauenzeitungen) nutzen, während Käufer und Second Mover überdurchschnittlich häufig ihre Zeit mit Onlinemedien verbringen. Verglichen mit der Gesamtnutzerschaft ergeben sich höhere Anteilswerte für die Nutzung „täglich und häufiger" für die mobile Internetnutzung via Smartphones und Tablets, aber auch für die klassische Onlinenutzung über Laptops und Festnetzrechner (Desktop/„fixed line").

Damit ist die identifizierte Zielgruppe der Second Mover deutlich trennbar von anderen Internetnutzern und „greifbar" für die Mediaplanung. Das ist insofern hervorzuheben, als mit den Merkmalen „Geschlecht" und „Einkommen" zwei Ausprägungen vorliegen, die unter den Second Movern mehr oder weniger gleich verteilt sind wie in der Internetgesamtnutzerschaft. Folglich darf eine werbliche Kommunikation nicht nach oft verwendeten Kriterien wie „weibliches Werbeumfeld" oder „hochwertiges Werbeumfeld" verwendet werden. Die Planung muss deutlich differenzierter stattfinden. Ein Vorschlag dafür wird in Kapitel 5 erarbeitet.

Kriterien beim Onlinekauf aus Sicht der Second Mover

Abschließend wurden die in Kapitel 3 diskutierten Kriterien, die bisherige Nicht-Onlinekäufer von Lebensmitteln im Internet als wichtig einstufen, mit den Angaben der Second Mover verglichen. In Abbildung 15 finden sich die abgefragten Aspekte, geordnet nach der Differenz zwischen den Second Movern und allen Befragten.

Bemerkenswert ist, dass alle Merkmale von den Second Movern als deutlich wichtiger bewertet werden.[85] Demzufolge ist sind es die zeitlichen Kriterien, die für die Second Mover am wichtigsten sind. 71 % aller Second Mover bewerten die „Möglichkeit, rund um die Uhr/24 Stunden zu bestellen", als „wichtig" oder sogar „sehr wichtig". Das sind 12 %-Punkte mehr als unter allen Befragten. Ebenso ist die Zeitersparnis durch den Kauf im Internet ein gefühlter Vorteil durch die Second Mover (10 %-Punkte). Beide Kriterien passen deutlich erkennbar zur Zielgruppenbeschreibung der Second Mover, die zu großen Anteilen berufstätig sind und damit deutlich weniger Zeit zur Verfügung haben.

---

[85] Dies wird unter anderem durch das verzerrende Antwortverhalten der „Non-Potentials" beeinflusst. Diese Personengruppe stuft – relativ gesehen – alle Merkmale als unwichtig ein, weil sie vermutlich zu weit entfernt von der potentiellen Möglichkeit des Onlinekaufs von Lebensmitteln sind. Aus diesem Grund findet an dieser Stelle kein Vergleich mit den „Non-Potentials" statt. Die ebenso fehlenden Käufer sind auf die geringen Fallzahlen zurück zu führen, die keine valide Aussage erlauben würden.

Zeitliche Faktoren zentral für Second Mover

Wichtigkeit beim Onlinekauf von Lebensmitteln: Second Mover im Vergleich, in %

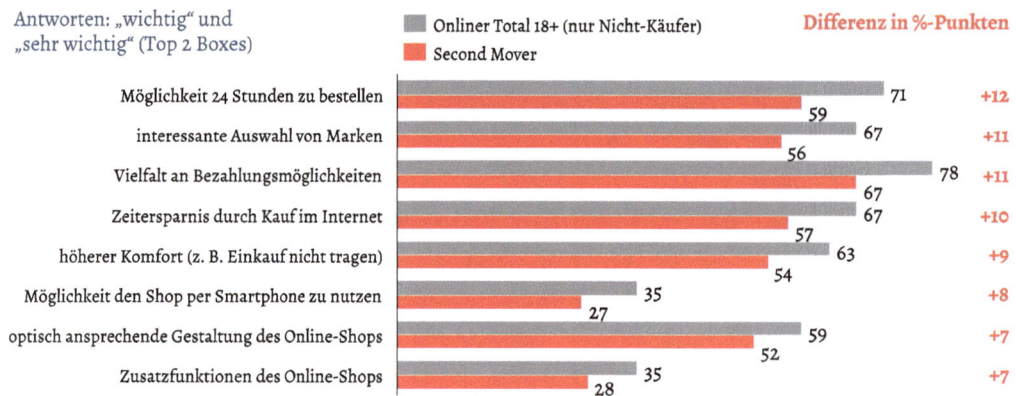

Antworten: „wichtig" und „sehr wichtig" (Top 2 Boxes)

Onliner Total 18+ (nur Nicht-Käufer)
Second Mover
Differenz in %-Punkten

	Onliner Total	Second Mover	Differenz
Möglichkeit 24 Stunden zu bestellen	71	59	+12
interessante Auswahl von Marken	67	56	+11
Vielfalt an Bezahlungsmöglichkeiten	78	67	+11
Zeitersparnis durch Kauf im Internet	67	57	+10
höherer Komfort (z. B. Einkauf nicht tragen)	63	54	+9
Möglichkeit den Shop per Smartphone zu nutzen	35	27	+8
optisch ansprechende Gestaltung des Online-Shops	59	52	+7
Zusatzfunktionen des Online-Shops	35	28	+7

Daten: GfK Consumer Scan, Basis: Internetnutzer ab 18 Jahren, Sondereinfrage Frühjahr 2014
Quelle: eigene Darstellung, Second Mover auf Basis der logistischen Regressionsanalyse

ABB. 15: WICHTIGKEIT BEIM ONLINEKAUF: SECOND MOVER VS. GESAMTHEIT

Ebenfalls im zweistelligen Bereich liegen die Merkmale „interessante Auswahl von Marken" und „Vielfalt an Bezahlungsmöglichkeiten" (jeweils 11 %-Punkte). Um Second Mover gezielt anzusprechen, eignen sich diese Kriterien folglich am besten.

Handlungsempfehlungen für die Mediaplanung

DIE WICHTIGKEIT VON WERBEMAßNAHMEN FÜR die erfolgreiche Diffusion von Innovationen wurde bereits beleuchtet. Im empirischen Teil dieser Arbeit konnten die Second Mover für den Onlinekauf von Lebensmitteln identifiziert und beschrieben werden. Im Folgenden wird das Feld der Mediaplanung gekennzeichnet. Daran anschließend wird die Mediennutzung der Second Mover mit der Mediennutzung der Internetgesamtnutzerschaft im Detail verglichen und abschließend ein Vorschlag zur crossmedialen Ansprache künftiger Onlinekäufer von Lebensmitteln vorgelegt.

Mediaplanung und die Mediazielgruppe

Unter Mediaplanung ist im Folgenden sowohl die Auswahl der Mediakanäle (der „Mediagattungen" wie Fernsehen, Print, Online und Mobile) als auch die Verteilung auf verschiedene Angebote („Werbeträgergattungen" wie *ARD, ZDF, Der Spiegel, Facebook* etc.) gemeint. Ganzheitliches *„Ziel der Mediaplanung ist es, im Rahmen einer systematischen Media-Analyse und -planung einen möglichst effizienten Transport der Werbebotschaft zu der gewünschten Zielgruppe zu bestimmen"*[86].

Die typischen Schritte einer Mediaplanung sind in Abbildung 16 beschrieben. In Kapitel 3 wurde mit der Identifizierung der Second Mover bereits die Mediazielgruppe definiert. Damit sind sowohl der Anteil der Bevölkerung, der mit der Kommunikationsmaßnahme erreicht werden soll, als auch die spezifischen Charakteristika, die die Zielgruppe bestimmen (Soziodemografie und Konsumverhalten), gegeben. Die im GfK Crossmedia Link Panel vorhandenen Informationen zur Nutzung der verschiedenen Medien bilden die Datengrundlage und erlauben eine Aussage über die Affinität der Mediazielgruppe zu verschiedenen Mediagattungen, Werbeträgergattungen sowie zur Art der Belegung, bezogen auf die einzelnen Werbeträger.

---

[86] Unger, F. / Fuchs, W. / Michel, B., Mediaplanung, 2013, S. 1

Ablauf der Mediaplanung und Einordnung der einzelnen Schritte in die vorliegende Arbeit

Quelle: schematisch in Anlehnung an Unger, F. / Fuchs, W. / Michel, B., Mediaplanung, 2013, S. 26, eigene Darstellung

ABB. 16: STRUKTUR UND ABLAUF DER MEDIAPLANUNG[87]

Ausgenommen von den Handlungsempfehlungen auf Basis von einzelnen Werbeträgern sind die Mediaziele Werbedruck und Reichweite. Letztlich sind diese Punkte – gegeben durch den direkten Zusammenhang zwischen dem Werbedruck und den Kosten für die Mediaschaltungen – abhängig vom zur Verfügung stehenden Werbebudget des Werbetreibenden. Daher ist dieser Faktor, ebenso wie die Gestaltung alternativer Mediapläne und die Bewertung der Mediapläne nach Kosten und Leistungswerten, nicht Bestandteil der Handlungsempfehlung für die Mediaplanung in dieser Arbeit. Dafür wird auf Grundlage der empfundenen Wichtigkeit verschiedener Aspekte des Kaufs von Lebensmitteln im Internet eine Empfehlung für die inhaltliche Botschaft, die an die Second Mover gerichtet werden soll, gegeben.

Die Mediennutzung der Second Mover im Detail

Methodische Vorbemerkung: der Affinitätsindex

Um die geeigneten Mediakanäle und Werbeträger herauszuarbeiten, eignet sich das Maß der Affinität zu einem Medium innerhalb der Zielgruppe mithilfe des Merkmals „Reichweite". Unter der Reichweite wird der Anteil an Personen, die einen definierten Kanal oder Werbeträger in einem Zeitraum nutzen, verstanden.[88]

Übertragen auf die vorliegende Arbeit wird im Affinitätsindex die Reichweite der Second Mover für verschiedene Mediakanäle und Werbeträger mit der jeweiligen Reichweite der Internetgesamt-

---

[87] vgl. Unger, F. / Fuchs, W. / Michel, B., Mediaplanung, 2013, S. 26
[88] vgl. zu Reichweiten und Affinitäten: Unger, F. / Fuchs, W. / Michel, B., Mediaplanung, 2013, S. 78f

nutzerschaft in das Verhältnis gesetzt. Der Affinitätsindex nimmt den Wert 100 an, wenn die Reichweite zu einem Medium bei den Second Movern der der deutschen Onlinebevölkerung entspricht. Je weiter der Wert über 100 liegt, desto höher ist auch die Affinität der Second Mover zur jeweiligen Mediengattung oder zum entsprechenden Werbeträger.

Ab einem Wert von 105 wird von einer leichten positiven Affinität gesprochen, ab 120 ist die Affinität stark ausgeprägt. Analog dazu reichen die Grenzen für eine leichte negative Affinität von 81 bis 95. Ein Index von 80 und niedriger steht für eine stark negative („geringe") Affinität. Die Maßzahl erlaubt das Anlegen von Ranglisten und die Einstufung für den Kanal oder Werbeträger als eher geeignet oder weniger geeignet.

$$Affinit\ddot{a}tsindex = \frac{Reichweite\ in\ Zielgruppe}{Reichweite\ in\ Grundgesamtheit} * 100$$

So würden bei einer kommunikativen Maßnahme auf einer Gattung mit einem geringen Indexwert viele

„Personen erreicht werden, die nicht zur Zielgruppe gehören. Dies sind die sogenannten ‚Streuverluste'. Das ist an sich kein Nachteil. Da aber die Schaltkosten in der Regel von der Gesamtreichweite abhängen (und nicht lediglich von der Reichweite in der Zielgruppe, führen hohe Streuverluste zu unnötig hohen Mediakosten und sind daher zu minimieren."[89]

Im Folgenden wird der Indexwert anhand von Reichweiten für die Onlinemedien angewendet. Da im GfK Crossmedia Link für die Offlinekanäle jedoch keine Reichweiten vorliegen, wird hier auf die Mediaeinfrage im GfK Consumer Panel zurückgegriffen. Alle Panelisten berichten regelmäßig, welche TV-Genres und TV-Sender bevorzugt gesehen werden, ebenso liegen Angaben zur Print- und Hörfunknutzung oder etwa zum Kinobesuch vor, die mit den Merkmalen der logistischen Regressionsanalyse verknüpft werden können.

Abschließend sei die methodische Bemerkung gestattet, dass Indizes in den Randverteilungen nur begrenzt hilfreich sind. So kann ein Unterschied von zwei Prozentpunkten bei sehr großen Reichweiten im Affinitätsindex äußerst gering (99 % vs. 97 % => Index 102), bei sehr kleinen Reichweiten hingegen äußert hoch ausfallen (3 % vs. 1 % => 300). Daher wird auf Affinitätsindizes, die auf sehr großen oder sehr kleinen Anteilswerten beruhen, verzichtet.

Genutzte Mediagattungen im Überblick

Bevor die einzelnen Werbeträger im Detail analysiert werden, wird eine Differenzierung nach Mediengattungen vorgenommen. Bereits in Kapitel 0 konnte herausgearbeitet werden, dass sich die Zielgruppe der Second Mover für den Kauf von Lebensmitteln im Internet deutlich von der Inter-

---

[89] Unger, F. / Fuchs, W. / Michel, B., Mediaplanung, 2013, S. 78f

netgesamtnutzerschaft unterscheidet. Es konnte gezeigt werden, dass sich die Second Mover in einigen klassischen Merkmalen wie Geschlecht oder Pro-Kopf-Einkommen zwar indifferent zu den Internetnutzern zeigen, jedoch über ein deutlich anderes Mediennutzungsverhalten verfügen und daher individuell angesprochen werden sollten. Insbesondere die hohe Affinität zu Onlinekanälen ist dabei aufgefallen.

Unter allen Mediengattungen unterscheidet sich der Kanal „Kino" am deutlichsten bei den Second Movern. Das ist insofern bemerkenswert, als das Medium Kino im Allgemeinen ein großes Reichweitenproblem besitzt. Immer weniger Deutsche gehen regelmäßig ins Kino und daher sind die Umsätze in der Kinowerbung in den letzten 50 Jahren kontinuierlich gesunken.[90] In der aktuellen Mediaeinfrage haben 7,8 % der *GfK*-Panelisten angegeben, mindestens „oft" ins Kino zu gehen, unter den Second Movern sind dies immerhin 12,2 %; dies führt wie oben geschildert zu einem Affinitätsindex von 156 (vgl. Tabelle 4).

Affinität der Second Mover zu ausgewählten Mediagattungen (TV, alle Onlinekanäle: „täglich", Print: „regelmäßiger Leser", Radio: „häufig", Pay-TV: „eigener Anschluss: ja", Kino: „gehe oft", Kundenmagazine: „lese ich häufig") Second Mover vs. Onliner total). Links: positive Affinität (≥ 105), Mitte: neutrale Affinität (96–104), rechts: negative Affinität (≤ 95). Daten: GfK Crossmedia Link 2015.

Kino	156	TV	96	Radio	95
Tablet	134	Zeitschriften	96	Regionale Tageszeitungen	79
Smartphone	127				
Desktop („fixed line")	118				
Pay-TV	114				
Kundenmagazine	112				

TAB. 4: AFFINITÄTSINDIZES MEDIAGATTUNGEN

Die drei Onlinekanäle „Desktop", „Smartphone" und „Tablet" folgen in der Rangliste nach dem Affinitätsindex. Sie werden in den folgenden Kapiteln noch genauer analysiert. Zur Ansprache der Second Mover eignen sich weiterhin auch Personen mit Pay-TV-Anschluss und Personen, die angeben, gerne Kundenmagazine zu lesen. Klassische Offlinemedien werden entweder zu ähnlichen Anteilen oder wie zum Beispiel die Gattung „regionale Tageszeitungen" deutlich weniger genutzt.

Ein erster Vorschlag würde folglich die Onlinekanäle auf jeden Fall mit einschließen, Print und TV müssen im Speziellen deutlich detaillierter analysiert werden. Zusätzlich könnte der Kanal Kinowerbung als „Nische" ergänzt werden.

Fernsehen

Nach wie vor gilt die Mediengattung „Fernsehen" als Leitmedium. Auch wenn das klassische Bewegtbild durch Online- und On-Demand-Formate deutlichen Wandlungen unterworfen ist und vor allem immer mehr junge Menschen immer weniger fernsehen, ist die Bedeutung des Kanals nach wie vor unbestritten. Da sich mit über 220 Minuten täglichem TV-Konsum die Sehdauer der Deut-

---

[90] vgl. Unger, F. / Fuchs, W. / Michel, B., Mediaplanung, 2013, S. 315ff.

schen noch immer auf sehr hohem Niveau befindet, können bei entsprechender Belegung Werbebotschaften sehr schnell an eine sehr große Anzahl von Empfängern übermittelt werden.[91]

Die Affinität der Second Mover zur Mediagattung „Fernsehen" ist mit einem Indexwert von 96 im neutralen Bereich, d. h., dass die definierte Zielgruppe mehr oder weniger über ein – gemessen an allen Sendern und Genres – ähnliches TV-Verhalten verfügt wie die Internetgesamtbevölkerung in Deutschland.

Affinität der Second Mover zu ausgewählten TV Sendern („sehe gelegentlich" und „sehe häufig"): Second Mover vs. Onliner total). Links: positive Affinität (≥ 105), Mitte: neutrale Affinität (96–104), rechts: negative Affinität (≤ 95). Daten: GfK Crossmedia Link 2015						
ProSieben	112	RTL	100	Kabel 1	94
VOX	107	RTL2	98	3Sat	93
Arte	106	dmax	96	SuperRTL	91
SAT.1	105			ARD	88
				ZDF	81
				Tele 5	70
				Dritte	70

TAB. 5: AFFINITÄTSINDIZES TV-SENDER

Dass die Nutzung aber unterschiedlich ist, zeigt sich sowohl bei dem Split nach TV-Sendern als auch nach TV-Genres. Differenziert nach einzelnen Sendern ist die höhere Affinität zu *ProSieben*, *VOX*, *Arte* und *SAT.1* auffällig. Demgegenüber werden die öffentlich-rechtlichen Programme anteilig deutlich weniger genutzt (vgl. Tabelle 5).

Affinität der Second Mover zu ausgewählten TV-Genres („sehe ich gerne" und „sehe ich sehr gerne"): Second Mover vs. Onliner total). Links: positive Affinität (≥ 105), Mitte: neutrale Affinität (96–104), rechts: negative Affinität (≤ 95). Daten: GfK Crossmedia Link 2015						
Castingshows	123	Krimis, Thriller, Polit-, Agenten-, Actionfilme	104	Volksmusik, Schlager	93
Comedyshows, Sketche	121	Ratgeber/Magazine für den Alltag	102	Heimatfilme	92
Popmusiksendungen	120	Gameshows, Quizsendungen	99	Boulevardstücke, Volks-, Bauerntheater	91
Daily Soaps, Telenovelas	120	Reiseberichte, Kulturmagazine, Reportagen	98	regionale Sendungen, Berichte und Nachrichten aus der Region	90
Kochsendungen/-shows	117	Nachrichten	98	Wetterberichte	89
Zeichentrickfilme	113			Sportsendungen	87
Science-Fiction-Filme	113				
Komödien (Spielfilme oder -serien)	109				
Liebesfilme, Melodramen	107				
Beiträge aus Wissenschaft, Technik, Zukunft	106				
Unterhaltungs-, Familien-, Arztserien	106				
Wirtschafts- und politische Magazine	105				

TAB. 6: AFFINITÄTSINDIZES TV-GENRES

---

[91] vgl. AGF, Entwicklung der durchschnittlichen TV Sehdauer pro Tag/Person in Minuten, 2015

Die Analyse nach TV-Genres deckt auf, dass Casting- und Comedyshows, Musiksendungen, Daily Soaps und Kochsendungen bei den Second Movern deutlich höher im Kurs stehen als in der Vergleichsgruppe der Internetnutzer insgesamt. Hingegen würde eine kommunikative Maßnahme in den TV-Umfeldern Sportsendungen, Wetterberichte, regionale Sendungen, Heimatfilme und Volksmusik/Schlager merklich höhere Streuverluste erzeugen, da die Zielgruppe anteilig deutlich geringer erreicht werden würde (vgl. Tabelle 6).

Obwohl Fernsehen als „Leitmedium" wie beschrieben generell sehr große Reichweiten erzielt und damit im Vergleich zu Print oder Online in Bezug auf Zielgruppengenauigkeit ein deutlich schwieriger auszusteuerndes Medium ist, zeigt die Affinitätsanalyse, dass auch die Fernsehmaßnahme im Detail geplant sein sollte, um Streuverluste zu minimieren und damit Kosten zu sparen. Eine TV-Mediaplanung für Second Mover würde aufgrund der ausgewerteten Daten den Schwerpunkt auf die genannten privaten Sender legen, idealerweise in Umfeldern von Castingshows, Comedyshows, Daily Soaps und Kochsendungen. Eher konservative Formate der öffentlichen-rechtlichen Sender würden dahingegen deutlich höhere Streuverluste generieren.

Print

Die Mediengattung „Print" gilt als ein sehr geeigneter Kanal, um Zielgruppen akkurat anzusprechen. Wie schon oben gezeigt, sind die Second Mover beim Kauf von Lebensmitteln im Internet regionalen Tageszeitungen nicht affin. Diese Zeitungen werden hingegen von Non-Potentials deutlich häufiger gelesen.

Affinität der Second Mover zu Zeitschriften/Magazinen (basierend auf Angabe „Leser" und „Intensivleser", 2014). Basis: Internetnutzer 18+ Deutschland = 47,2 Mio. Links: positive Affinität (≥ 105), Mitte: neutrale Affinität (96–104), rechts: negative Affinität (≤ 95). Daten: GfK Crossmedia Link 2015					
Der Spiegel	133	ADAC Reisemagazin	102	Stiftung Warentest	95
Computer Bild	123	Bild am Sonntag	100	Geo	92
Auto Bild	117	Bild der Frau	99	TV Spielfilm	90
TV Movie	114	Auto Motor und Sport	98	Meine Apotheke	90
TV digital	111			Hörzu	90
Focus	110			ADAC Motorwelt	89
Bild	110			Diabetes Ratgeber	86
Stern	108			TV direkt	82
				Apotheken Umschau	81
				RTV	79
				TV 14	79
				Mein schöner Garten	78

TAB. 7: AFFINITÄTSINDIZES ZEITSCHRIFTEN/MAGAZINE

Hingegen besteht eine hohe Affinität zu wöchentlichen Nachrichtenmagazinen wie *Der Spiegel*, *Focus* oder *Stern*. Weiterhin werden auch die *Springer*-Titel *Computer Bild* und *Auto Bild* überproportional von den Second Movern gelesen. Konservative Formate wie *Mein schöner Garten* oder die *Apotheken Umschau* werden hingegen deutlich weniger gelesen (vgl. Tabelle 7). Wie bei der Mediengattung

Fernsehen gilt auch für Print: Konservative Formate und regionale Tageszeitungen würden der Vermeidung von Streuverlusten entgegenwirken.

Desktop („fixed line")

In den letzten 15 Jahren ist die Bedeutung des Internets als Werbemedium kontinuierlich gestiegen. Dies zeigen zum einen die gestiegenen Werbeumsätze, zum anderen aber auch die unzählbare Menge an Werbeträgern, also einzelnen Websites, die Werbeplätze entweder selbst anbieten oder durch Vermarkter anbieten lassen.[92]

Da im GfK Crossmedia Link für die Desktopnutzung in den Privathaushalten alle aufgerufenen URLs gemessen werden, kann für alle Second Mover auch eine Reichweite zu den größten deutschen Websites getätigt werden. Analysiert wurden die 30 größten Onlineangebote, bezogen auf die Desktopnutzung in der Internetgesamtnutzerschaft im Dreimonatszeitraum von Dezember 2014 bis Februar 2015. In einem ersten Analyseschritt war auffällig, dass die Second Mover zu allen Websites eine höhere Affinität aufwiesen. Aus diesem Grund ist für die Websites und die Websitekategorien („Genres") der Affinitätsindex nicht auf die reine Reichweite, sondern auf die Nutzungsintensität in Form der „Page Impressions", also der Anzahl der aufgerufenen Seiten pro Person, berechnet.[93]

Affinität der Second Mover zu ausgewählten Websitekategorien (@home-Nutzung, basierend auf PI/Visitor, Dez. 14–Feb. 15). Basis: Internetnutzer 18+ Deutschland = 47,2 Mio. Links: positive Affinität (≥ 105), Mitte: neutrale Affinität (96–104), rechts: negative Affinität (≤ 95). Daten: GfK Crossmedia Link 2015

Blogs	158	Zeitungen	104	Newsmagazine	94
Shopping Sites	143	Testberichte	104	Telekommunikation	93
Video-Communitys	139	Download-Portale	100	Frage/Antwort-Portale	89
Kochseiten/Rezepte	137	Telefonverzeichnisse	97	Wetterseiten	87
Marktplätze/Anzeigen	131			Auto, Fahrzeuge	82
Computer-Websites	124			Stadtführer, lokale Seiten	81
Suchmaschinen	122			Finanzen/Wirtschaft	79
Websites von Fernsehsendern	122			Maps, Routenplaner	74
Webmailer	121			Entertainment	72
Social Networks	110			Games	71
Frauen-Websites	107			Sport	62

TAB. 8: AFFINITÄTSINDIZES DESKTOP-WEBSITE-KATEGORIEN

Angelehnt an die TV-Genres wurden die Top-500-Websites in 30 Websitekategorien klassifiziert. Die höchsten Affinitätswerte weisen die Second Mover zu Weblogs auf, es folgen in der Rangliste Shopping-Angebote und Video-Communitys. Korrespondierend zu den Ergebnissen bei den TV-Genres wurden Kochseiten und Rezepteportale identifiziert. Auch Suchmaschinen werden von den

---

[92] vgl. Unger, F. / Fuchs, W. / Michel, B., Mediaplanung, 2013, S. 324ff.

[93] An dieser Stelle soll daran erinnert werden: Die Second Mover wurden aufgrund des Verhaltens der Innovatoren prognostiziert. Als einer der entscheidenden Regressoren wurde dabei die Intensität der Internet-Nutzung identifiziert, welcher in die Definition der Second Mover entsprechend eingewirkt hat. Folglich war dieses Ergebnis zu erwarten und die Bildung der Affinitätsindizes auf Basis der Nutzungsintensität unvermeidlich.

Second Movern deutlich intensiver genutzt – was für Performance-Marketing im Bereich Search Engine Advertising (SEA) sprechen würde (vgl. Tabelle 8).

Das gewonnene Bild der Websitekategorien wiederholt sich deutlich in der Analyse der dreißig reichweitenstärksten Internetangebote in Deutschland, basierend auf der Desktopnutzung. So handelt es sich bei den beiden Websites mit den höchsten Affinitätsindizes um Onlineshops, nämlich *Amazon* und *Otto*. Unter den Top 10 sind weiterhin *eBay*, *Mediamarkt* und *Paypal* vertreten. Die beiden reichweitenstärksten Werbeträger Deutschlands überhaupt, nämlich *Google Search* und *Facebook*, finden sich ebenfalls in der Liste mit einer positiven Affinität unter den Second Movern (vgl. Tabelle 9).

Überraschend – insbesondere auch hinsichtlich der gewonnenen Erkenntnisse der Printanalyse (vgl. vorheriges Kapitel) – besitzen die Nachrichten- und Informationsangebote von *Spiegel Online*, *Welt* und *Focus* eine negative Affinität. Es kann vorweggenommen werden, dass die Second Mover diese Angebote eher über die mobilen Endgeräte abrufen (vgl. folgendes Kapitel). *Spiegel Online* und *Focus* stellen ein anschauliches Beispiel dar, dass auch innerhalb eines Angebots eine Planung nach Zielgruppen vorgenommen werden sollte, da sogar die gleichen Inhalte über unterschiedliche Endgeräte hinweg unterschiedlich wahrgenommen und genutzt werden.

Affinität der Second Mover zu den Top-30-Websites in Deutschland (@home-Nutzung, basierend auf PI/Visitor, Dez. 14–Feb. 15) Basis: Internetnutzer 18+ Deutschland = 47,2 Mio. Links: positive Affinität (≥ 105), Mitte: neutrale Affinität (96–104), rechts: negative Affinität (≤ 95). Daten: GfK Crossmedia Link 2015

Amazon.de	142	bahn.de	101	SPIEGEL ONLINE	95
Otto	142	Yahoo	99	Welt.de	91
YouTube	140	BILD.de	98	gutefrage.net	91
Chefkoch	138	Adobe	96	T-Online	86
computerbild.de	136	DasOertliche	96	FOCUS Online	86
Ebay.de	132			bing.com	85
mediamarkt.de	131			telekom.de	85
Google Search	125				
Paypal	124				
WEB.DE	121				
ask.com	121				
dhl.de	117				
Wikipedia	115				
GMX	114				
CHIP Online	111				
Facebook	110				
Microsoft	109				
Tchibo	106				

TAB. 9: AFFINITÄTSINDIZES DESKTOP-WEBSITES/-WERBETRÄGER

Bei der Analyse der einzelnen Websites zeigt sich auch hier wieder deutlich, dass konservativere Angebote wie etwa *T-Online* die Second Mover unterproportional gut ansprechen würden.

Apps (Smartphone und Tablet)

Mobile Advertising, also das Werben auf den Angeboten, die für die Nutzung durch mobile Endgeräten optimiert wurden, setzt sich allmählich durch. „*Mobile-Display-Werbung ist 2014 im Vergleich zum Vorjahr um über 50 Prozent (+52%) gewachsen. Insgesamt wurden mit klassischer Online-Werbung auf mobilen Endgeräten im deutschen Markt im letzten Jahr 134 Millionen Euro netto umgesetzt.*"[94]

Wie bereits in Kapitel 4 beschrieben, nutzen die Second Mover nicht nur zu größeren Anteilen das Internet via Desktopgeräte, sondern auch über Smartphones und Tablets. Für die Analyse der Affinitäten zu den Angeboten auf Smartphones und Tablets konnte auf die mobile Messung im GfK Crossmedia Link Panel zurückgegriffen werden. Von *Android-* und *iOS-*Geräten wird dort die Nutzung der Apps[95] (also der mobilen Software, die von den jeweiligen Anbietern im *Apple Store* bzw. *Google Play Store* bereitgestellt werden) gemessen. Um eine ausreichende Fallzahl für möglichst viele Apps zu garantieren, sind an dieser Stelle Tablets und Smartphones zusammengefasst.

Affinität der Second Mover zu ausgewählten Apps (Android und iOS auf Smartphones und Tablets, basierend auf Reichweite, mind. 3 %, Monatsnutzung 2014, Basis: Smartphone- und/oder Tablet-Nutzer 18+, Deutschland = 27,589 Mio., „native Apps" augeschlossen). Links: positive Affinität (≥ 105), Mitte: neutrale Affinität (96–104), rechts: negative Affinität (≤ 95). Daten: GfK Crossmedia Link 2015

Amazon	144	n-tv Nachrichten	104	WhatsApp	95
Tagesschau	141	radio.de	103	wetter.com	94
DB Navigator	130	Facebook	102	LOVOO Chat, Flirt, Dating App	93
TV Spielfilm	128	PAYBACK mobil	102	Farm Heroes Saga	90
Candy Crush	125	mehr-tanken	101	WEB.DE Mail	90
TankenApp von T-Online.de	125	iLiga	101	kicker online	88
Wikipedia Mobil	124	GMX Mail	98	eBay Kleinanzeigen	88
Angry Birds	123			Chefkoch.de – Rezepte	86
Quizduell	121			YouTube	84
eBay	119			Instagram	83
Skype	119			FUSSBALL.DE	74
SPIEGEL ONLINE	118			Polaris Viewer 4.1	73
Twitter	117			TV SPIELFILM – TV-Programm	71
Yahoo Mail	111			Groupon	70
Clash of Clans	107			mobile.de – mobile Autobörse	68
Shazam	106			Spotify Music	68
RTL INSIDE	106			Barcode Scanner	58

TAB. 10: AFFINITÄTSINDIZES APPS (IOS UND ANDROID: SMARTPHONE UND TABLET)

Die Second Mover nutzen überproportional die Apps von *Amazon*, *Tagesschau* und der *Deutschen Bahn* („*DB Navigator*"). Unter den Apps mit der höchsten Affinität bezogen auf die Second Mover finden sich mehrere Spieleangebote wie *Angry Birds*, *CandyCrush* oder *Quizduell*. Es zeigt sich aber, dass Spiele nicht automatisch zur Zielgruppe passen, zu *Farm Heroes Saga* weisen die Second Mover eine leicht negative Affinität auf. Auffällig ist weiterhin, dass die reichweitenstärksten Apps

---

[94] BVDW (Hrsg.), OVK: 6,6 Prozent Netto-Wachstum bei digitaler Display-Werbung in 2014, 2015
[95] Berücksichtigt sind keine sogenannten „Native Apps", also Applikationen, die zur Grundausstattung des jeweiligen Gerätes gehören. Daher finden sich weder die Telefonapplikation, noch die Standardbrowser hier wieder. Entscheidend soll vielmehr die theoretische Möglichkeit sein, diese Apps mit werblicher Kommunikation zu belegen.

WhatsApp, *Facebook* und *YouTube* bezogen auf die Affinität der Second Mover neutral oder sogar negativ ausfallen. Dies ist einmal mehr ein Beispiel, dass es zwar eine gewisse Affinität zu *YouTube* gibt, nicht aber über die mobile App-Nutzung, sondern über die Desktopverwendung (vgl. vorheriges Kapitel).

Ein Vorschlag zur Ansprache der Second Mover

Aus den gewonnenen Medienvergleichen aus Kapitel 0 wird nachfolgend ein Vorschlag für einen Mediaplan erstellt. Dazu wird im ersten Schritt eine Analyse des Istzustands vorgenommen.

Der Istzustand: die Werbeaktivitäten im analysierten Zeitraum

Als Ausgangslage für die bisherigen Werbeaktivitäten im Zeitraum von Juli 2014 bis März 2015 (was dem Analysezeitraum im empirischen Teil entspricht) wurde die Werbestatistik von *ebiquity* ausgewertet. Für die Mediakanäle TV, Print und Online können Aussagen zu belegten Titeln (Fernsehkanäle, Printtitel, Onlinewerbeträgern), Bruttowerbespendings (Ausgaben für Werbung ohne Rabatte) und geschalteten Formaten (TV Spots, Print-Anzeigen, Online-Creatives) getroffen werden. Die Daten gelten als verlässlich für den deutschen Markt, die Erfassung der Onlinewerbung ist jedoch lückenhaft, die Schaltungen von Facebook und Google werden beispielsweise noch nicht erfasst. Daher können die Angaben im Onlinebereich nur als erster Indikator genutzt werden.[96]

Im beobachteten Zeitraum sind die Ausgaben für Werbung in den Mediakanälen TV, Print und Online äußerst gering. So kommen *Rewe* (bezogen auf den Onlinelieferservice), *Allyouneed* und *Mytime* in der Summe auf ein Volumen von etwas mehr als 550.000 Euro. *Bringmeister*, *Lebensmittel.de* und *Edeka* (bezogen auf die Onlinelieferservices) haben auf Basis der *ebiquity*-Datenbank keine Werbeausgaben getätigt (vgl. Abbildung 17).

Am aktivsten auf sehr geringem Level ist der Anbieter *Allyouneed*. Die Auswertung zeigt, dass der Großteil der Printwerbung in Münchner Tageszeitungen geschaltet wurde, die TV-Werbung lief ausschließlich auf dem Spartensender *dmax*. Die Onlinewerbemittel von *Allyouneed* waren unter anderem über die Themenbereiche Automobil, Digital, News, Verzeichnisse, Portale und Sport breit gestreut. Insgesamt wird also eine relative breite Auswahl an möglichen Zielgruppen adressiert. Ähnlich breit streuten auch *Rewe* und *MyTime* ihre Onlineaktivitäten, die für *MyTime* ermittelte Printbelegung beschränkt sich auf Buchungen in der Kundenzeitschrift der *Deutschen Bahn* („DB Mobil"). Für alle beobachteten Händler kann festgehalten werden: Die Werbeausgaben befinden sich auf sehr niedrigem Niveau[97]. Die identifizierten Schaltungen, vor allem im Bereich „Online", zeigen

---

[96] Vgl. zur Methodik: http://www.ebiquity.com/de/unsere-services/market-intelligence/advertising-intelligence zuletzt abgerufen am <02.05.2015>

[97] Diese Wertung begründet sich zum einen auf den Vergleich mit den Top Werbespendern der FMCG Branche. *Procter & Gamble* gibt in Deutschland jährlich etwa 450 Millionen Euro alleine für TV Werbung aus (vgl. Bell, M,: Planen mit dem schnellen Dreh, 2015). Zum anderen bezieht sich die Einschätzung aber auch auf die Erfahrung des Autors, der im Rahmen von zahlreichen crossmedialen Werbewirkungsstudien unzählige Mediapläne und damit auch die Höhe der Werbeausgaben in den letzten Jahren vergleichen konnte.

keine erkennbare einheitliche Zielgruppenansprache. Vielmehr ist die Streuung über die verschiedenen Themenfelder sehr hoch.

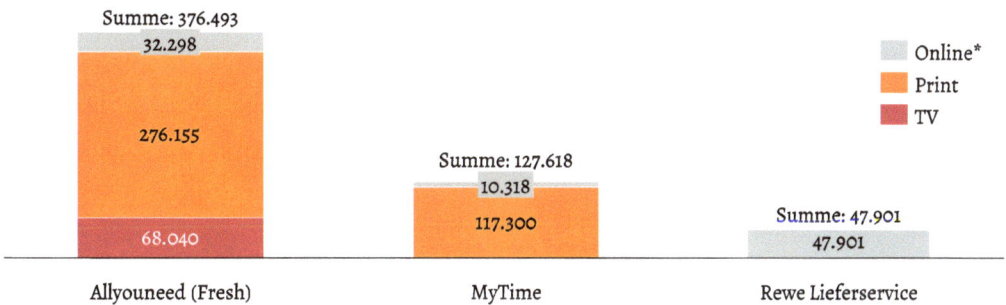

Werbeausgaben auf sehr niedrigem Level
Bruttowerbespendings Lebensmittel-Onlinehändler, Juli 2014 bis März 2015, in Euro

Keine Spendings für Edeka, Bringmeister und Lebensmittel.de (es wurden für Edeka und Rewe nur Kampagnenbestandteile berücksichtigt, die explizit auf den Lieferservice verweisen)

Daten: ebiquity Portfolio. Basis: Deutschland, Juli 2014-März 2015
Quelle: Eigene Darstellung. / *Online ist aufgrund der Erhebungsart nur teilweise abgedeckt und dient daher nur als Indikator

ABB. 17: WERBEAUSGABEN DER LEBENSMITTEL-ONLINEHÄNDLER[98]

Mediamix und Botschaft für die Ansprache der Second Mover

Vor dem Hintergrund, dass bislang nur ein geringer Teil der Bevölkerung bei den Lebensmittelhändlern im Internet bestellt, ist das im vorherigen Kapitel identifizierte niedrige Niveau an Werbeausgaben bemerkenswert. Während die Intensivierung eines Konsumverhaltens mit geringen Werbebudgets erfolgreich angestrebt werden kann, so ist die Annahme von etwas Neuem oder, um es mit Rogers zu formulieren, die Diffusion von Innovationen nur mit einem Mindestmaß an werblicher Aktivität möglich: *„Nur in ganz wenigen Märkten sind wirkliche Innovationen, die akute Verbraucherprobleme zu lösen imstande sind, ohne großen Werbeaufwand durchsetzbar."*[99]

Befindet sich ein Produkt oder eine Dienstleistung in den Einführungs- und Reifephasen (bezogen auf das dem Diffusionsmodell verwandte Lebenszyklusmodell), sollte eine *„sehr hohe Intensität der Kommunikation zum Aufbau einer hohen Produktbekanntheit und eines positiven Produktimages"* gewählt werden.[100] Die Basis des Vorschlags für die künftige Mediaplanung muss in diesem Sinne eine deutliche Anhebung des Werbedrucks beinhalten. Diese manifestiert sich in folgendem Vorschlag in erster Linie durch die Auswahl mehrerer Mediengattungen, auf denen die werbliche Botschaft parallel („crossmedial") gespielt werden sollte.

---

98 Basierend auf einer individuellen Auswertung über die Portfolio-Software von *ebiquity* (vgl. Quelle a.a.O.)
99 Unger, F. / Fuchs, W. / Michel, B., Mediaplanung, 2013, S. 62
100 Homburg, C. / Krohmer, H., Marketingmanagement, 2003, S. 367

Die Second Mover eignen sich in Bezug auf den Onlinekauf von Lebensmitteln für die werbliche Ansprache hervorragend. So weist diese Zielgruppe in beinahe allen Aussagen zur Akzeptanz von Werbung die positivsten Werte und die höchsten Zustimmungsraten auf.

Die Grundlage für den Vorschlag zur werblichen Ansprache der Second Mover, sowohl bezogen auf die auszuwählenden Mediengattungen und Werbeträger als auch auf die Wahl der werblichen Botschaft, fußt auf dem oben analysierten Mediaverhalten und der Wichtigkeit verschiedener Aspekte beim Onlinekauf von Gütern des täglichen Bedarfs wie Lebensmitteln. Für die Handlungsempfehlungen wurden Angebote mit hoher Affinität, die aber über keine oder nur unzureichende Möglichkeiten an Werbeinventar verfügen, vernachlässigt (so sind beispielsweise weder die werbefreien TV-Sender *Arte* und die *Dritten Programme* noch werbefreie Websites wie *Wikipedia* oder *tagesschau.de* enthalten).

Um schnell möglichst viele Adressaten zu erreichen, ist das Medium Fernsehen unerlässlich; die Affinität der Second Mover ist in etwa so ausgeprägt wie in der Internetgesamtnutzerschaft. Wie beim Fernsehen so ist auch bei Zeitschriften und Magazinen eine weitere Auswahl notwendig – bei geschickter Selektion kann jedoch die Zielgruppe unter der Maßgabe der Minimierung der Streuverluste effizient erreicht werden. Außerdem sieht der Vorschlag eine Kommunikation via Internet in Form von Desktop-, Mobile- und Tablet-Nutzung vor – diese Kanäle werden von den Second Movern überdurchschnittlich häufig genutzt. Außerdem können – gemessen an der Reichweite – die kleinen Kanäle Kino und Pay-TV zu den großen Mediengattungen TV, Print und Online ergänzt werden. Um Streuverluste zu minimieren, sollte hingegen auf die Mediakanäle Hörfunk und regionale Tageszeitungen verzichtet werden.

Neben der eigentlichen Auswahl der Mediengattungen zeigt Abbildung 18 auch zusammenfassend die Wahl der Werbeumfelder und Werbeträger. Gattungsübergreifend ist festzuhalten, dass bodenständige und konservative Angebote gemieden werden sollten, die sich in erster Linie an ältere Menschen richten. Jedoch zeigt sich auch, dass eine Auswahl an Angeboten, die sehr spezifisch auf junge Menschen zugeschnitten ist, ebenso hohe Streuverluste generieren würde. So werden die App von Spotify oder generell Websites zu den Themen Entertainment, Gaming und Entertainment deutlich weniger von den Second Movern genutzt.

Die Mediaplanung für die Second Mover ist gerade deswegen etwas komplexer, da die Zielgruppe nicht durch einfache und klare Variablenbeschreibungen wie „weiblich" oder „männlich" oder „Geringverdiener" bzw. „Besserverdiener" erklärt werden kann. Gerade im E-Commerce sind

> „[...] *Lebensentwürfe, Werte und Ziele der einzelnen Individuen extrem vielfältig. Soziodemografische Zielgruppenbetrachtungen und eindimensionale Zielgruppenmodelle reichen insofern nicht mehr aus, das Kundenverhalten zu verstehen. Vielmehr ist ein übergeordnetes System konsumrelevanter Wertorientierungen heranzuziehen"*[101].

---

101 Heinemann, G., Der neue Online-Handel, 2015, S. 68

Handlungsempfehlungen für die Mediaplanung
Zur Ansprache der Second Mover in Bezug auf den Lebensmittelkauf im Internet

Tendenziell zu bevorzugen

1. Auswahl der Mediakanäle

Tendenziell zu vernachlässigen

- Fernsehen ↔ als „Leitmedium"
- alle Onlinekanäle ↑   ⎤
- Zeitschriften, Magazine ↔   ⎬ *crossmedial*
- Als Nische: ggf. Kinowerbung ↑ , PayTV ↑

- Hörfunk ↓
- regionale Tageszeitungen ↓

2. Auswahl der Umfelder und Werbeträger je Mediakanal

- **Fernsehformate:** Castingshows ↑ , Comedy-Shows ↑ , Daily-Soaps ↑ , Kochsendungen ↑
- **Fernsehsender:** ProSieben ↑ , Vox ↑ , SAT 1 ↑
- **Magazine/Zeitschriften:** Nachrichtentitel wie Der Spiegel ↑ , Focus ↑ , Stern ↑ und „Bild" Titel wie Auto Bild ↑ und ComputerBild ↑ , ggf. zwei-wöchig erscheinende Fernsehzeitungen
- **Website-Kategorien (Desktop):** Weblogs ↑ , via Vermarkter für den Long-Tail, außerdem Shopping-Sites ↑ (sofern möglich), Video-Communities ↑ , Websites zu den Themen Kochen/Rezepte ↑ , Social Networks ↑ . Außerdem würde sich Suchmaschinenwerbung als Ergänzung eignen (hier Google ↑ vs. Bing)
- **Websites (Desktop):** YouTube ↑ , Chefkoch ↑ , computerbild.de ↑ , weiterhin Facebook ↑ als Medium mit sehr guten Targeting-Möglichkeiten
- **Apps:** Gaming-Anwendungen wie Candy Crush ↑ , Angry Birds ↑ und Quizduell ↑ . Apps von Magazinen wie Spiegel Online ↑ und ↑ TV Spielfilm. Social Apps wie ↑ Twitter und Facebook ↔ – letztere ergänzt um ein entsprechendes Targeting

- **Fernsehformate:** Heimatfilme ↓ , Volksmusik ↓ , Boulevardstücke ↓ , regionale Sendungen ↓ , Wetterberichte ↓ , Sportsendungen ↓
- **Fernsehsender:** Öffentlich-Rechtliche ↓ , SuperRTL ↓ , Tele5 ↓ , Kabel 1 ↓
- **Magazine/Zeitschriften:** Konservative und ältere Formate wie Apotheken-Rundschau ↓ , Mein schöner Garten ↓
- **Website-Kategorien (Desktop)** zu den Themenbereichen Sport ↓ , Gaming ↓ und Entertainment ↓ . Weiterhin Finanz-Websites ↓ und regionale Angebote ↓
- **Websites (Desktop):** Konservative Formate wie T-Online ↓ (Achtung: andere Webmailer/Portale eignen sich hingegen: WEB.DE ↑ , GMX ↑). Nachrichten Websites wie Spiegel ↓ , Welt ↓ , Focus ↓ .
- **Apps:** YouTube ↓ , Chefkoch ↓ oder WEB.de ↓ (Angebote, die als Desktop-Variante eine hohe Affinität haben). Musik und Sport wie Spotify ↓ , Kicker ↓ oder fussball.de ↓ .

3. Festlegung der werblichen Botschaft

- Möglichkeit, rund um die Uhr zu bestellen
- interessante Auswahl an Marken
- Vielfalt an Bezahlungsmöglichkeiten
- Vorteil der Zeitersparnis

- Lieferung zu vereinbarten Zeitfenstern
- Hochwertigkeit der Produkte
- Telefonische Erreichbarkeit

Legende: hohe Affinität ↑ geringe Affinität ↓ neutral ↔ // Auswahl Schritt 3, nach Diff. in %-Punkten (vgl. Anhang D)
Quelle: eigene Darstellung, auf Basis der logistischen Regressionsanalyse und der Mediennutzung der Second Mover

ABB. 18: HANDLUNGSEMPFEHLUNGEN ZUR ANSPRACHE DER SECOND MOVER

Aus diesem Grund versteht sich die vorliegende Handlungsempfehlung als ein Vorschlag zur Selektion von Werbeträgern und Umfeldern innerhalb der vorgegebenen Mediagattungen Fernsehen, Print und Online. Ergänzend zur medialen Auswahl bietet es sich an, die beiden zeitbezogenen

Merkmale „Einkauf rund um die Uhr" und „Zeitersparnis" durch das Onlineshopping in den Vordergrund der Kommunikation zu stellen. Schließlich handelt es sich um die Merkmale, die die Second Mover im Vergleich zu allen anderen Nichtkäufern von Lebensmitteln im Internet als am wichtigsten bewerten.

Die im vorherigen Kapitel zusammengestellte Bestandsanalyse zur Werbung für die Angebote von *Rewe*, *Edeka*, *Bringmeister*, *MyTime*, *Allyouneed* und *Lebensmittel.de* hat aufgezeigt, dass sich das Werbeniveau auf sehr niedrigem Level befindet und keine klare Mediastrategie zu erkennen ist. Die vorliegende Handlungsempfehlung auf Basis der Second Mover würde indes ein komplett anderes Bild zeigen und – gemessen an den Theorien von Rogers – die Diffusion des Kaufs von Lebensmitteln im Internet ungemein beschleunigen.

[4]

Fazit

Zusammenfassung

IMMER WIEDER KONNTE IM ERSTEN Teil dieser Arbeit festgehalten werden, dass der Lebensmittelkauf im Internet noch in den Anfängen steckt. Speziell die Bedarfsdeckung des Kaufs der täglichen Gebrauchsgüter und von Frischewaren befindet sich auf sehr niedrigem Niveau. Deutschland hinkt dabei im Vergleich mit Märkten wie Südkorea, Großbritannien und Frankreich deutlich hinterher.

Auf Basis des Haushaltpanels der *GfK* konnten 2,2 % der deutschen Internetnutzer identifiziert werden, die in den letzten neun Monaten mindestens einmal bei einem der großen Onlinesupermärkte Artikel bestellt haben. Angelehnt an die Diffusionsforschung von Rogers, bei der die Verbreitung von Innovationen über verschiedene Gruppen von Adoptoren analysiert wird, wurden die identifizierten Käufer als die „Innovators" bezeichnet. Mithilfe mehrfacher logistischer Regressionsanalysen konnten 15 soziodemografische Merkmale und Einstellungen identifiziert werden, die zum einen die bisherigen Käufer beschreiben und zum anderen eine Prognose über die nächste Generation der Käufer von Lebensmitteln im Internet zulassen. In Anlehnung an Rogers sind dies die „Early Adopter". In dieser Arbeit wurden sie als „Second Mover" für den Kauf von Lebensmitteln im Internet bezeichnet.

Etwa 7,5 Millionen Deutsche konnten so als die zentrale Potenzialzielgruppe erkannt werden. Es handelt sich dabei zu gleichen Anteilen um Frauen und Männer, auch die Einkommensverteilung ist ähnlich wie in der Gesamtnutzerschaft. Die Second Mover sind etwas jünger und besser gebildet, aber vor allem gekennzeichnet durch höhere Anteile hinsichtlich Berufstätigkeit und Alleinstehender bzw. kinderloser Paare mit doppeltem Einkommen. In großen Teilen entspricht diese Gruppe damit auch den Merkmalen, die Rogers in seinen Diffusionstheorien den „Early Adopters" zuschreibt (vgl. Kapitel 3). Das Wertebild der Second Mover ist geprägt durch ihre hohe Innovationsneigung, ihre Offenheit gegenüber Neuerungen und ihre Risikofreude. Dahingegen sind die

Personengruppen, die eine geringere Übernahmewahrscheinlichkeit aufweisen, die Innovation des Onlinekaufs von Lebensmitteln zu adaptieren, deutlich konservativer geprägt.

Eine ideale Mediaplanung würde – unabhängig von der Kostenseite – eine mehrkanalige Ansprache über Fernsehen, Print und Onlinekanäle vorsehen. Dabei sollten die beiden entscheidenden Aspekte „Einkauf rund um die Uhr" und „Vorteil durch Zeitersparnis" in den Vordergrund der Kommunikation gestellt werden, weil diese Kriterien von den Second Movern noch wichtiger eingeschätzt werden als von allen anderen Nichtkäufern. Geeignet sind dabei allen voran jüngere und innovativere Werbeumfelder auf Werbeträgern wie *ProSieben* und *SAT.1* für das Fernsehen, Nachrichtenmagazine für Print und schließlich Weblogs, Video-Communitys und Social Networks für die Onlineangebote (wobei sehr genau auf die Ausspielung auf die jeweiligen Endgeräte geachtet werden sollte).

Ein Vergleich zu den tatsächlichen Aktivitäten über die Werbestatistik *ebiquity* zeigt jedoch, dass die großen Player bislang kaum für ihre Dienste werben; weiterhin ist auch keine klare Mediastrategie zu erkennen. Vor dem Hintergrund, dass Rogers für die erfolgreiche Diffusion einer Innovation explizit den Massenmedien eine entscheidende Rolle zuweist, überrascht die noch geringe Verbreitung des Kaufs von Lebensmitteln im Internet kaum.

Ausblick

Erste Anzeichen einer Veränderung sind bereits zu beobachten. Während der Analysezeitraum für diese Arbeit im März 2015 endete, sind seit Mitte April 2015 vermehrt Werbeaktivitäten von *Rewe* und *Allyouneed* zu vermerken. Beide Anbieter spielen auf *Facebook* über alle Kanäle eine Kampagne, die der Autor über einen längeren Zeitraum an aufeinanderfolgenden Tagen beobachten konnte.

Es scheint außer Frage zu stehen, dass die „Innovation" Lebensmittelkauf im Internet vor dem Durchbruch steht und *„the next big thing"* damit gesetzt ist. Nicht zuletzt auch deswegen, weil durch die Händler – wie in der Einleitung dieser Arbeit beschrieben – immer mehr Anstrengungen unternommen werden, auf dem Markt Fuß zu fassen. Die größte Veränderung erwartet die Branche jedoch mit dem Markteintritt von *Amazon*. Das Angebot *Amazon Fresh* sollte bereits im September 2014 in Deutschland an den Start gehen, bislang wurde der Launch jedoch immer wieder verschoben.[102] Unstrittig ist aber, dass *Amazon* eine Katalysatorwirkung auf die weitere Verbreitung des Lebensmittelhandels im Internet ausstrahlen wird. Gute Belege hierfür sind zwei Neuigkeiten, die der Onlineversender im Frühjahr 2015 ankündigte. So plant *Amazon* in Zusammenarbeit mit *DHL* und *Audi* künftig direkt in die Automobil-Kofferräume der Käufer zu liefern[103]. Außerdem wurden direkt auf den Produkten klebende „Dash-Buttons" vorgestellt, die den Kunden mittels Knopfdruck eine einfache und direkte Nachbestellung ermöglichen sollen[104]. Beide Neuerungen stellte *Amazon* explizit auch für den Lebensmittelmarkt vor.

---

[102] vgl. Gabler, T., Amazon Fresh kommt nach Deutschland, 2014
[103] vgl. o.V., Amazon liefert in den Kofferraum, 2015
[104] vgl. Mattgey, A., Dash Button von Amazon: Content Marketing der Extraklasse, 2015

Was nach wie vor vollkommen offen zu sein scheint, ist die Frage, *wann* ein signifikanter Anteil an Deutschen regelmäßig seine Waren des täglichen Bedarfs im Internet bestellt und *wer* letztendlich die Anbieter sein werden, die sich durchsetzen. Dabei ist es nicht allein die in dieser Arbeit im Mittelpunkt stehende werbliche Kommunikation, die die Geschwindigkeit der Diffusion bestimmen wird. Eine zweite Schlüsselrolle wird das Angebot an sich darstellen. So werden eine stetige Verbesserung des Angebots und eine deutschlandweite Verfügbarkeit unerlässlich sein.

Ein weiterer zentraler Aspekt wird der Wettbewerb selbst werden. Neben den Konkurrenzkämpfen zwischen den Vertretern des klassischen Lebensmitteleinzelhandels (LEH) wie *Rewe* und *Edeka*, für die nach *Ernst & Young* die „*Cross-Channel-Fähigkeit [...] für Händler eine Überlebensfrage*"[105] ist, und den Pure Playern wie *Allyouneed* und *MyTime* muss sich der Handel auch auf den Wettbewerb vonseiten der Discounter und der Drogeriemärkte einstellen.

Außerdem haben inzwischen auch immer mehr Hersteller angekündigt, in den Onlinedirekthandel einzusteigen; Procter & Gamble etwa ist schon seit einigen Monaten mit ihrem Shop pgshop.de in Deutschland vertreten[106]. Und last, but not least gibt es heute schon Anbieter wie *Shopwings*, die bei stationären Händlern die Ware einkaufen und lediglich die Lieferung übernehmen.[107] Diese Bestandsaufnahme zeigt, dass der Markt des Lebensmittelhandels erst noch dabei ist, sich zu entwickeln – sowohl auf Anbieterseite wie auch vonseiten der Konsumenten.

In diesem Sinne möchte der Autor das Feld für weitere Forschungsschwerpunkte eröffnen, die in erster Linie dem *Wann* und dem *Wen* nachgehen. Was indes schon sicher ist: Der Markt ist in Bewegung geraten und wird den Handel zweifelsfrei vor vollkommen neue Herausforderungen stellen.

[105] Wagner, W. / Wiehenbrauk, D., Cross Channel. Revolution im Lebensmittelhandel, 2014, S. 3
[106] vgl. o.V., P & G wagt sich in Handelsdomäne vor, 2014
[107] vgl. o.V., Online-Lebensmittelhandel steht vor Boom, 2015

[4]

Literatur

o.V.: Aldi testet E-Commerce. In: *Lebensmittelzeitung*, Ausgabe 12, 20.03.2015

o.V.: Amazon liefert in den Kofferraum. In: *Lebensmittelzeitung*, Ausgabe 17, 22.04.2015

o.V.: Online-Lebensmittelhandel steht vor Boom. In: *CIO.de*, 31.03.2015, http://www.cio.de/a/online-lebensmittelhandel-steht-vor-boom,3096653 zuletzt abgerufen am <02.05.2015>

o.V.: P & G wagt sich in Handelsdomäne vor. In: *Lebensmittelzeitung*, Ausgabe 12, 20.03.2014

AGF (Hrsg.): Entwicklung der durchschnittlichen TV Sehdauer pro Tag/Person in Minuten. Online-Publikation 2015 der Arbeitsgemeinschaft Fernsehforschung, https://www.agf.de/daten/tvdaten/sehdauer/ zuletzt abgerufen am <02.05.2015>

Backhaus, K. / Erichson, B. / Plinke, W. / Weiber, R.: Multivariate Analysemethoden. 9. Auflage, Berlin 2000

Bell, M.: Planen mit dem schnellen Dreh. In: *W&V Extra Mediaplanung* 13, 23.03.2015

Bitkom (Hrsg.): Trends im E-Commerce. Konsumverhalten beim Online-Shopping. Online-Publikation 2013 der Bitkom, http://www.bitkom.org/files/documents/BITKOM_E-Commerce_Studienbericht.pdf zuletzt abgerufen am <02.05.2015>

BVDW (Hrsg.): OVK: 6,6 Prozent Netto-Wachstum bei digitaler Display-Werbung in 2014 – Internet unverändert wachstumsstärkstes Werbemedium, Pressemitteilung des BVDW, http://www.bvdw.org/presse/news/article/bvdw-pressemitteilung-ovk-66-prozent-netto-wachstum-bei-digitaler-display-werbung-in-2014-int.html zuletzt abgerufen am <02.05.2015>

Colla, E. / Lapoule, P.: E-Commerce: exploring the critical success factors. In: *International Journal of Retail & Distribution Management* 40.11, S. 842-864, London 2012

Dannenberg, P. / Franz, M.: Essen aus dem Internet – Online-Supermärkte auf dem Weg aus der Experimentierphase? In: *Standort*, 38. Jg., Nr. 4, S. 237-243, Trier 2014

Doplbaur, G.: E-Commerce: Ist der Hype bereits am Ende? Präsentation der GfK zur 15. Euroforum-Jahrestagung, Osnabrück 2015

Dr. Grieger & Cie (Hrsg.): Lebensmittel-Lieferservice Monitor 2014, Hamburg 2014

Fittkau & Maaß (Hrsg.): W3B-Report Lebensmittel im Internet, 38. WWW-Benutzer-Analyse W3B, Hamburg 2014

Gabler, T.: Amazon Fresh kommt nach Deutschland. In: *Internet World Business* 20.02.2014 http://www.internetworld.de/e-commerce/internet/amazon-fresh-kommt-deutschland-292833.html zuletzt abgerufen am <02.05.2015>

GfK (Hrsg.): Konsum 2015 - Europa auf dem Wachstumspfad? Pressemitteilung der GfK SE. http://www.gfk.com/de/news-und-events/presse/pressemitteilungen/seiten/konsum-2015.aspx zuletzt abgerufen am <02.05.2015>

Google (Hrsg.): Consumer Barometer Study 2014. https://www.consumerbarometer.com zuletzt abgerufen am <02.05.2015>

Hadeler, T. / Winter, E.: Gabler Wirtschaftslexikon: Die ganze Welt der Wirtschaft: Betriebswirtschaft, Volkswirtschaft, Recht und Steuern, Wiesbaden 2013

Hansen N. / Hielscher H.: McKinsey erwartet starkes Wachstum des Lebensmittelhandels per Internet. In: *Wirtschaftswoche* vom 26.10.2013, Düsseldorf 2013

Heinemann, G.: Der neue Online-Handel, 6. Auflage, Wiesbaden 2015

Heinemann G. / Vocke R.: Lebensmitteleinzelhandel: Den Online-Zug nicht verpassen. In: *IKB Aktuell* 1157, Publikation der IKB Deutsche Industriebank AG vom 11.02.2010, Düsseldorf 2010

Heitmeyer, C: Retail is detail & retail goes mobile. Fünf Thesen warum der traditionelle Handel vom „All-Around-Handel" abgelöst werden wird. In: Deutsche Post AG (Hrsg.): Einkaufen 4.0 – der Einfluss von E-Commerce auf Lebensqualität und Einkaufsverhalten. 1. Auflage, Bonn 2012

Hesse, H.-W.: Kommunikation und Diffusion von Produktinnovationen im Konsumgüterbereich, Berlin 1987

Homburg, C. / Krohmer, H.: Marketingmanagement, 1. Auflage, Wiesbaden 2003

Kaas, K.-P.: Diffusion und Marketing, Stuttgart 1973

Kleinbaum, D.: Logistic regression: a self-learning text, New York 1994

Kpmg (Hrsg.): Food Online. Consumer Barometer, Ausgabe 1/2014. Online-Publikation 2014 von KPMG, http://www.kpmg.com/DE/de/Documents/consumer-barometer-03-14.pdf zuletzt abgerufen am <02.05.2015>

Krafft, M.: Der Ansatz der logistischen Regression und seine Interpretation. In: *Zeitschrift für Betriebswirtschaft*, 67, 625-642. 1997

Krisch, J.: DHL lässt Allyouneed umbenennen. In: *Exciting Commerce*, 20.03.2015, http://excitingcommerce.de/2015/03/20/allyouneed-fresh-dhl-lasst-allyouneed-umbenennen zuletzt abgerufen am <02.05.2015>

Kroeber-Riel, W.: Konsumentenverhalten, 8. Aufl., München 2002

Kuß, A. / Wildner, R. / Kreis, H.: Marktforschung, 5. Auflage, Wiesbaden 2014

Kwasnewski, N.: Regionaler Lieferdienst Bonativo: Nur ein paar Dutzend Kunden - aber 23 Millionen Euro wert. In: *Spiegel Online* 01.03.2015, http://www.spiegel.de/wirtschaft/service/samwers-investieren-in-berliner-lebensmittellieferdienst-a-1019406.html zuletzt abgerufen am <02.05.2015>

Linder, M. / Rennhak, C.: Lebensmittel-Onlinehandel in Deutschland. In: *Reutlinger Diskussionsbeiträge zu Marketing & Management*, No. 4, Reutlingen 2012

Mattgey, A.: Dash Button von Amazon: Content Marketing der Extraklasse. In *W&V*. Online Publikation vom 02.04.2015, http://www.wuv.de/kampagnen/kreation_des_tages/dash_button_von_amazon_content_marketing_der_extraklasse zuletzt abgerufen am <02.05.2015>

Meffert, H. / Burmann / C., Kirchgeorg, M.: Marketing, 12. Auflage, Wiesbaden 2015

Nielsen (Hrsg.): The digital consumer's journey in the Western Europe grocery market. Online-Publikation 2014 von The Nielsen Company. http://www.nielsen.com/us/en/insights/reports/2014/the-digital-consumers-journey-in-western-europes-grocery-market.html zuletzt abgerufen am <02.05.2015>

Nufer, G. / Kronenberg, S.: Chancen für nachhaltige Geschäftsmodelle im Lebensmittel-Onlinehandel. In: *Reutlinger Diskussionsbeiträge zu Marketing & Management*, No. 04, Reutlingen 2014

Rogers, E. / Shoemaker, F.: Communication of Innovations: A Cross-Cultural Approach. New York 1971

Rogers, E.: Diffusion of Innovations, 5. Auflage, New York 2003

Schenk, M.: Medienwirkungsforschung, 3. Auflage. Tübingen 2007

Seitz, C.: E-grocery as new innovative distribution channel in the German food retailing. Online-Paper 2013. http://www.toknowpress.net/ISBN/978-961-6914-02-4/papers/ML13-231.pdf zuletzt abgerufen am <02.05.2015>

Selimi, S: The influence of hurdles and benefits on the diffusion of online grocery shopping: How to improve the adoption rate in the Dutch market?, Online-Paper 2013. https://www.rabobank.nl/images/online_food_retail_feb_2013_29589892.pdf zuletzt abgerufen am <02.05.2015>

Stapf, I. / Schlottmann, M.: E-Commerce heute und morgen. Präsentation der GfK zur Marktforschungsleitertagung, Nürnberg 2014

Theuversen, L. / Schütte, R.: Lebensmittel im Electronic Commerce: Historische Entwicklung und aktuelle Trends. In: *GIL Jahrestagung*. S. 339-342. Göttingen 2013

Unger, F. / Fuchs, W. / Michel, B.: Mediaplanung: methodische Grundlagen und praktische Anwendungen, Berlin 2013

van Eimeren, B. / Frees B.: 79 Prozent der Deutschen online – Zuwachs bei mobiler Internetnutzung und Bewegtbild. Ergebnisse der ARD/ZDF-Onlinestudie. In: *Media Perspektiven* 7-8/2014, Frankfurt am Main 2014

Wagner, W. / Wiehenbrauk, D.: Cross Channel. Revolution im Lebensmittelhandel, Online-Publikation 2014 von Ernst & Young, http://www.lebensmittelzeitung.net/studien/pdfs/617_.pdf zuletzt abgerufen am <02.05.2015>

Warschun, M. / Krüger, L. / Vogelpohl, N.: Online-Food-Retailing: Der Markt wächst. Online-Publikation 2015 von A.T. Kearney, http://www.atkearney.de/documents/856314/5544677/BIP+Online+Food+Retailing+Der+Markt+w%C3%A4chst.pdf zuletzt abgerufen am <02.05.2015>

Warschun, M. / Krüger, L. / Vogelpohl, N.: Online-Food-Retailing: Ein Markt im Aufschwung, Online-Publikation 2013 von A.T. Kearney, http://www.lebensmittelzeitung.net/studien/pdfs/596_.pdf zuletzt abgerufen am <02.05.2015>

Werner, K.: Amazon: Der Begriff des „Pure Player" – Ein hausgemachtes Missverständnis. In: *etailment*. Online-Publikation vom 17.04.2014, http://etailment.de/thema/player/Amazon-Der-Begriff-des-Pure-Player--Ein-hausgemachtes-Missverstaendnis--2699 zuletzt abgerufen am <02.05.2015>

ÜBER DEN AUTOR

Florian Renz studierte Soziologie und Betriebswirtschaftslehre an der Otto-Friedrich Universität in Bamberg. Berufsbegleitend absolvierte er den BVDW-Studiengang »Fachwirt Online-Marketing« mit dem Abschluss «European Diploma for Interactive Marketing«. Im Rahmen seiner Tätigkeit an der Forschungsstelle für Neue Kommunikationsmedien der Universität Bamberg führte Renz eine der ersten Studien zum Thema »Social Networking« in Deutschland durch. Anschließend war Florian Renz Projektleiter bei Fittkau & Maaß Consulting im Bereich Online-Marktforschung. Seit 2010 arbeitet er bei der Gesellschaft für Konsumforschung (GfK) und berät Unternehmen bei der Planung und Umsetzung ihrer digitalen Strategien.

WEITERE BÜCHER

2007: *Praktiken des Social Networking: Eine kommunikationssoziologische Studie zum online-basierten Netzwerken am Beispiel von openBC (XING)*. Verlag Werner Hülsbusch.

Im Internet sind seit den mittleren 2000ern Anwendungen im Trend, welche es den Nutzern ermöglichen, ihr soziales Netzwerk abzubilden und zu erweitern. Diese Anwendungen werden als »Social Media« bezeichnet, unter anderem gehören dazu Weblogs, Wikis und *Social Networks*. Vor allem Letztere eröffnen dem Einzelnen hinsichtlich des Aufbaus und der Pflege des persönlichen Beziehungsnetzes neue Möglichkeiten. Florian Renz entwickelt in seiner Arbeit ein kommunikationssoziologisches Analysemodell für Social Network Sites. Nach der Herleitung seines Modells wendet der Autor die gewonnene Theorie auf die business-orientierte Plattform *XING* an und untersucht die im Entstehen begriffenen Praktiken des online-gestützten Netzwerkens aus kommunikationssoziologischer Perspektive.

2014: *Auf der Suche nach der perfekten Stadionwurst: Von Hamburg bis Phnom Penh – Groundhopping im Bratwurstuniversum.* Verlag Edition Bratwurst.

„Beim Fußball geht es um die Wurst!" Dieser Meinung ist eine Gruppe Hamburger Fußballfans, die es sich zur Aufgabe gemacht hat, die Verpflegungssituation beim Fußball unter die Lupe zu nehmen. Die „Bratwurstjournalisten" von *www.fussballwurst.de* beschäftigen sich mit Würsten, Senf und Brötchen, sowohl in großen Arenen als auch auf dem kleinen Dorfsportplatz um die Ecke. Entstanden sind Bestandsaufnahmen in Fußballhochburgen und der Provinz, diskutiert mit Humor und Witz, niedergeschrieben im eigenen Weblog. In *„Auf der Suche nach der perfekten Stadionwurst"* veröffentlicht Florian Renz eine Auswahl seiner Texte von 2009 bis 2012, von Hamburg bis Phnom Penh. Ergänzt um eine statistische Analyse, wo denn die Wurst nun wirklich am besten schmeckt.